U0664787

社会主义核心价值体系建设

"双百"出版工程

项 目

/ 100 位
新中国成立以来感动中国人物/

孟　泰

于　元　褚当阳/编著

★

吉林文史出版社

前 言

　　每个人的心中都多少有一点英雄情结，都向往英雄、景仰英雄。也正因此，在中华人民共和国建国六十周年之际，由中央十一部委联合组织开展的"100位为新中国成立作出突出贡献的英雄模范人物和100位新中国成立以来感动中国人物"的评选活动中，群众参与投票总数近一亿。这其中的每一张选票，都表达了人们对英雄模范的崇敬之情，寄托着对伟大祖国的美好祝福。

　　一个民族不能没有英雄，否则这个民族就不会强大。当国家危难之时，懦弱者选择了逃避、妥协甚至投降，英雄们却挺身而出，用热血捍卫民族的尊严，人民的幸福。在创立和建设新中国的伟大历程中，涌现出无数可歌可泣的英雄模范人物。他们之中，有为了民族独立和人民解放而英勇牺牲的革命先烈，有为了党和人民的事业而不懈奋斗的优秀共产党员，有在全民族抗战中顽强奋战、为国捐躯的爱国将士，有英勇杀敌的战斗英雄和革命群众，有积极从事进步活动的著名民主爱国人士和国际友人……他们是民族的脊梁、祖国的骄傲，是激励全体人民团结奋斗的精神力量。

　　《100位新中国成立以来感动中国人物》丛书，就像一部星光璀璨的英雄谱，真实、完整地记录了英雄模范人物不平凡的一生，再现了他们非凡的人格魅力和精神世界。舍身堵枪眼的黄继光，拼命也要拿下大油田的王进喜，中国原子弹之父邓稼先，新时期领导干部的楷模孔繁森……一串串闪光的名字，一个个动人的故事，犹如群星闪烁，光耀中华。

　　当今中国正处于伟大变革的时代，迫切需要涌现出一大批勇于承担历史使命、为祖国和人民奉献一切的先进人物。在"双百"人物崇高精神的引领下，在建设社会主义现代化国家的征程中，必将英雄辈出。

生平简介

孟泰（1898-1967），男，汉族，河北省丰润县人，中共党员。生前系鞍山钢铁公司炼铁厂副厂长、工会副主席。

1948 年，国民党政府撤退前，鞍钢遭到严重破坏。为迅速恢复生产，孟泰带领工友们夜以继日地搜寻器材，在他的带领下，鞍钢掀起了轰轰烈烈的献交器材运动。同时，他建立起了闻名全国的"孟泰仓库"，将收集到的器材及时分类整理，使鞍钢最早恢复的三座高炉的配管材料没花国家一分钱，为鞍钢在较短时间内恢复生产作出了巨大贡献。他勇于攻克技术难关。在苏联政府停止对我国供应大型轧辊，致使鞍钢面临着停产威胁的情况下，他组织 500 多名技术积极分子开展了从炼铁、炼钢到铸钢的一条龙厂际协作联合技术攻关，先后解决了十几项技术难题，终于自制成功大型轧辊，填补了我国冶金史上的空白，被誉为"为鞍钢谱写的一曲自力更生的凯歌"。他自己设计制造成功的双层循环水使冷却热风炉燃烧筒提高寿命 100 倍。在"文革"中，面对遭受严重破坏的鞍钢生产，他顶着各种压力，使鞍钢的生产秩序免于受到各种各样的冲击。在他担任鞍钢炼铁厂副厂长的八年中，被工人们称为"身不离劳动，心不离群众的干部"。1967 年，因积劳成疾病逝。他是第一、二、三届全国人大代表，被授予全国劳动模范等荣誉称号。

1898-1967

[MENGTAI]

◀孟泰

目 录 **MULU**

在故乡 / 002

孟泰出生后,取名瑞祥。在父母的影响下,小瑞祥养成了爱劳动的习惯和照顾弱小者的品德。贫穷的生活让小瑞祥过早地懂事和成熟,他心里总在想,什么时候能让穷人过上好日子啊。

在抚顺机车修理厂 / 005

18岁的孟瑞祥改名孟宪刚, 在抚顺日本机车修理厂干了10年,练就了一手娴熟的铆工手艺,但也受了10年窝囊气。

在鞍山制铁所和昭和制钢所 / 007

29岁的孟瑞祥第二次改名,改成"孟泰"了。孟泰在高炉上做配管工,饱尝了生活的辛酸。日本工头把中国工人当成牛马一样驱使,挨打受骂是家常便饭。家里经常揭不开锅,要挖野菜度日。

孟泰精神——鞍钢之魂（代序）

孟泰虽然离我们远去了，但他给我们留下了极其宝贵的精神财富，孟泰精神永远是我们学习的榜样。

作为一名共产党员，孟泰经受了最严酷的考验。

1950年8月中旬的一天，4号高炉炉皮烧穿，铁水与顺炉皮而下的冷水相遇产生爆炸。孟泰将生死置之度外，冲上炉台抢险，迅速用铁板将水流引离炉皮，并采取一系列处理措施，避免了一场炉毁人亡的事故。

初冬的一个晚上，高炉水门被堵，孟泰踹碎水道表面冰层，跳了进去，俯身抠除堵塞的杂物，使高炉循环水线恢复畅通。工友们把孟泰从冰水中拉上来时，他已冻得浑身颤抖，嘴唇发紫了。

孟泰不怕死，不怕苦，为了国家财产先后参加十几次抢险，铁厂工人敬佩地称呼他为"老英雄"。

孟泰爱炉如命，爱厂如家。他的不怕苦不怕死的先进思想和行为，形成激励全国职工的"孟泰精神"。

孟泰把国家利益放在第一位，用自己宝贵的生命维护它，为我们树立了光辉的榜样。

1964年，孟泰担任了炼铁厂的副厂长。走上领导岗位后，他依然朴实无华，坚持不脱离群众，保持工人阶级的本色。

著名的"孟泰工作法"就是他多年来在高炉工作实践中摸索出来的一套工作规律及操作技术，表现了孟泰同志的创造精神。

作为工会主席，他关心职工家属的生活困难，解决他们的难题，不管来的是什么人，也不管为什么事情，总是热情接待，认真倾听，只要力所能及，总是有求必应，用责任和爱心履行着一名工会负责人的神圣使命，表现了一名共产党员干部全心全意为人民服务的精神。

孟泰总是近乎苛刻地要求自己和自己的家人，却竭尽所能去帮助别人、关爱弱者。他收入不丰，却长期节衣缩食、倾囊资助老少边穷地区的孩子上学，甚至顾不上自己的孩子。他绝不富有，他的家甚至可以说还比较贫困，但他却总是把别人的艰难和社会的急需当作自己的使命而竭尽所能。在三年困难时期，他将女儿喂的两头猪献给了鞍钢食堂，让工人们改善伙食。这种精神是一种对同胞、对人民、对社会的无私大爱。

"孟泰精神"代表了鞍钢之魂。这种精神鼓舞和教育了一代又一代人，他们追随"老英雄"的脚步，成为优秀的孟泰精神传人。

原任鞍钢股份公司炼铁总厂副厂长杨金山，1990年以全系第二名的优异成绩毕业于武汉钢铁学院，面对国内众多大型国企的诚邀，他毫不犹豫地选择了鞍钢，他说，之所以选择鞍钢，就是要到那里亲身感受孟泰精神，像孟泰那样做人、做事。

赵长城1996年从辽宁科技大学钢铁冶金专业毕业来到鞍钢，他永远不能忘记，进厂的第一课就是参观孟泰纪念馆。他有一个同学是孟泰的外孙子，从同学那里，赵长城知道了孟泰很多的故事，而通过参观孟泰纪念馆，他对孟泰有了更深入的了解。在工作中，赵长城时刻以孟泰精神严格要求自己。副工长、工长、炉长、作业长……赵长城始终工作在炼铁一线。在向"老英雄"孟泰学习过程中，赵长城多次收获了鞍钢集团公司"十大杰出青年"、鞍钢劳动模范、鞍山市劳动模范等荣誉称号。

从1986年起，鞍钢评选集团公司级劳动模范都要颁发"孟泰奖章"，到2012年，获得"孟泰奖章"的职工达1823人。

我国经过三十多年的改革开放，人们物质生活已经发生了天翻地覆的变化，已经从温饱的生活开始在奔小康的大道上高歌猛进了。但是，无论环境怎么变化，时代怎么向前发展，生活有多么的美好，而孟泰对党对人民无限忠诚的革命精神，永远鼓励着我们奋发向上、不断地向前进。只有在平凡的工作岗位上，努力工作，听从党组织的工作安排，为国家和人民多做贡献，才是学习"孟泰精神"最好的行动。

孟泰精神永远值得我们学习，他是我们心中永远的丰碑。

孟泰虽然走了，但"鞍钢之魂"永存。

解放前的孟泰

→ 在故乡

★ ★ ★ ★ ★

1898 年 8 月 17 日，孟泰出生在河北
丰润县山王寨村的一个贫苦农民家庭。

这一年正是戊戌年，是以康有为为首
的维新派帮助光绪皇帝变法图强的一年，
也是慈禧太后破坏改革、清朝从此一步步
走向灭亡的一年。

丰润县地处华北平原东北部，西距
北京 120 公里，西南距天津 130 公里，
南距唐山 22.5 公里，东距秦皇岛 120
公里，正好位于京、津、唐、秦地区的
腹地。

丰润东北部是连绵起伏的燕山余脉，
中部是阡陌纵横的平畴沃野，西南是草木
葱茏的湿地，还乡河、陡河等 5 条河流流

贯全境，四季分明，每逢春夏，这里到处都是一片绿色的庄稼，百姓绝大多数以种地为生。

孟泰祖上多少辈都为地主扛活，过着缺衣少食的日子。

父母希望孟泰长大后能改变家中的贫困状态，给全家人带来好运气，特地给他起名"瑞祥"。

1901 年 8 月 17 日，孟瑞祥满 3 周岁时，已有三个妹妹先后出生了。作为家中长子，小瑞祥开始担负起照看妹妹们的责任。

1904 年初，孟瑞祥的父亲与兄弟分家另过，他家分得的财产只是一间破旧的茅屋。

从此，一家人除了靠父亲给地主扛活外，母亲还要织草席贴补家用。

山王寨村外的小河中长满了芦苇，是编席子的好材料。母亲用芦苇编成草席后，拿到集上去卖，可以换回几个零用钱。

这年春天，孟瑞祥和三个妹妹都染上了瘟疫，村中染瘟疫的孩子死了十几个。孟瑞祥兄妹在母亲的精心护理下，经过一个月的时间才相继痊愈。

紧接着，小瑞祥又有两个妹妹、一个弟弟出生。为了一家人的生活，父亲租了几亩地种。12 岁的小瑞祥开始帮助父亲下地劳动，还帮母亲编草席。在父母的影响下，小瑞祥养成了爱劳动的习惯和照顾弱小者的品德。

1906 年夏天，山王寨一带遭受暴风雨袭击。孟瑞祥家的屋顶茅草被大风刮走，炕上地下全是雨水，孟瑞祥一家彻夜难眠。第二天，父亲从亲友及邻居那里借了一些茅草才把屋子修补好。贫穷的生活让小瑞祥过早地懂事和成熟了，他心里总在想，什么时候能让穷人过上好日子啊。

这年冬闲时，父亲为了摆脱贫困，全家节衣缩食，送孟瑞祥上了私塾。

原来，这年暴风雨过后，却赶上大丰收。父母见小瑞祥能干活，肯听话，一定是个有出息的人，便用粮食换了一些钱，送他去读书。

不料，私塾先生只知让学生背书，却不讲解书中说了些什么，这使小瑞祥十分反感。三个月后，农忙开始了，懂事的小瑞祥为了帮父母干活，缓解家中生活困难，毅然离开了私塾。

1911年春开始，13岁的孟瑞祥开始帮助父母到集市上卖苇席，尝够了生活的艰辛。

1914年，年仅16岁的孟瑞祥为生活所迫，同祖辈一样，开始给地主扛活，到邻村小齐屯财主刘举人家中做长工。

一年后，孟瑞祥因为忍受不了刘举人的刻薄，不得不回到家中，靠打零工帮助家里维持生计。

1916年，丰润一带遭遇特大旱灾，穷人大都携儿带女外出乞讨。为了找一条活路，18岁的孟瑞祥揣着东挪西凑的6块银元只身闯关东。

在抚顺机车修理厂

★★★★★

1916 年 3 月，18 岁的孟瑞祥为了谋生，只身一人到四十里外的唐山登上火车，闯关东去了。

不久，孟泰由奉天（今沈阳）辗转到了抚顺，找到远房叔叔孟振广，和叔叔在一个煤窑里当采煤工。

抚顺是一座历史悠久的古城，是清朝的发祥地。抚顺位于辽宁省东部，距沈阳 90 里。东部和南部山峦起伏，森林茂密；北部山势低平，为丘陵地带；西部为浑河冲积平原，曾是亚洲最大的煤炭开采城市，拥有世界上最厚的优质煤层，素有"煤都"之称。

1904 年爆发的日俄战争是日本与沙皇俄国为了侵占中国东北和朝鲜，在中国东北的土地上进行的一场帝国主义战争。这场战争以沙皇俄国的失败而告终。日俄战争促成日本在东北亚取得军事优势，并取得在朝鲜、中国东北驻军的权利。日俄战争后，日本帝国主义大肆掠夺抚顺的煤炭资源，设立了"抚顺采炭所"。

在日本人管理的煤矿里，矿工过着暗无天日的生活，每天都有死人的事情发生。

当挖煤工的孟振广见孟瑞祥长得太瘦，生怕他下窑挖煤有个闪失，对不住亲戚，就在煤矿附近的栗子沟给他找了个抬沙子的力气活，每天只挣日币两角八分。

当时，外出做苦工的都不愿家乡人知道自己在外卖苦力，怕丢脸面，很多人都改了名，孟瑞祥也因此改名为孟宪刚。

不久，在几位好心的技工老师傅的帮助下，孟宪刚几经周折到抚顺日本人开的机车修理厂当了一名铆工学徒。

孟宪刚干活有眼力，又肯用心学艺，技术上长进很快，老师傅们都很喜欢他，对他十分关心。

日本工头毛利欺负孟宪刚年轻，不但逼他多干活，而且还把他当成奴仆使唤，让他刷饭盒，打扫房子，搬运东西。

孟宪刚在修理厂干了10年，练就了一手娴熟的铆工手艺，但也受了10年的窝囊气。

1926年，一天中午，孟宪刚正在吃饭，吃饱喝足的毛利却喊孟宪刚去给他捶背。

这时，不知从哪里钻出来一只大老鼠，窜到工作台跑来跑去。孟宪刚怕老鼠吃了自己的饭，悄悄腾出一只手，抓起一把用废的小锉刀朝老鼠打去。老鼠被赶跑了，小锉刀却断成了两截。

毛利见状，竟勃然大怒，不由分说揪住孟宪刚就是一顿毒打。

孟宪刚被打得跌倒在地，脑袋磕在一块砖头上，顿时鲜血直流。

孟宪刚被好心的工友扶回工棚里，一连好几天没有上班。

孟宪刚越想越气，决定要找毛利报仇。

一天，天黑后，孟宪刚和几个要好的工友守在路旁，等毛利路过时，一拥而上，用麻袋套住毛利的脑袋，将他拖到僻静的地方一顿猛揍，总算出了一口恶气。

当天夜里，孟宪刚扛起行李卷，搭上一列闷罐车，离开了生活十年之久的栗子沟，到鞍山去投奔好友马金山。

→ 在鞍山制铁所和昭和制钢所

★★★★★

日俄战争结束后，日本取得了南满

铁路沿线的开矿权。1917年，发了横财的日本南满铁路株式会社投资兴办了鞍山制铁所，大肆掠夺我国东北的铁矿资源，到1926年已建起两座525立方米的高炉，年产生铁16万吨。

鞍山地处辽东半岛中部，因南郊有一对形似马鞍的山而得名。

鞍山虽然建置较晚，但它的历史却很久远。这里曾产生过绚丽多彩的文化，是远古时代人类发祥地之一。距今约2万年前，人类就开始在这里繁衍生息了。这里同中原一样，很早就进入了人类文明的行列，构成了中华民族大家庭中的一个组成部分。

鞍山境内的矿产资源有35种。储量最丰富的有铁、菱镁矿、滑石、玉石、理石、石灰石、花岗岩、硼等。铁矿储量100亿吨，居全国之首。

日本人开的制铁所用各种欺骗手段招募鞍山、辽阳、海城一带破产农民和小手工业者进厂当工人，对他们进行残酷的压榨。

1927年2月，日本鞍山制铁所扩大生产规模，修建了3号高炉，急需补充技工。当此用人之际，孟宪刚经马金山介绍来到制铁所报考铆工。

孟宪刚已有10年的工匠底子，看图、下料、打锤样样都在行，当场就被录用了。

填写名字时，孟宪刚嫌原来的名字笔画太多，写起来太麻烦，便灵机一动，填写了"孟太"两个字。旁边一位干杂役的小伙子看了后笑着说："你这个'太'字是不是写错了，该是'泰'吧？"小伙子边写边说："这是泰山的'泰'，康泰的'泰'，很有讲呢。"

孟宪刚听了挺高兴，便顺水推舟地说："对，就是这个'泰'。"

从此，29岁的孟瑞祥第二次改名，改成"孟泰"了。

1931年九·一八事变后，中国东北全境被日本侵占。

1933年4月，日本政府在军部支持下将原定在朝鲜新义州兴建的昭和制钢所改建在鞍山，在兼并原有的鞍山制铁所的基础上兴建了制钢厂、轧材厂，形成钢铁联合企业。

1933年6月1日，昭和制钢所正式成立。

孟泰在高炉上做配管工，饱尝了生活的辛酸。日本工头把中国工人当成牛马一样驱使，挨打受骂是家常便饭。特别是九·一八事变后，日本工头欺压中国工人更加凶狠，劳动条件更加恶劣，工人的生命安全根本没有保障。

当时，社会上流传着这样的顺口溜："弓长岭矿是万人坑，炼铁厂是鬼门关，薄板厂是阎王殿，选矿厂是大猪圈，要吃小日本的饭，就得拿命换。"

这正是日本人统治下的人间地狱的真实写照。

当亡国奴的滋味使孟泰和工友们的心头像压了块大石头一样难受。日本工头整天拎着棒子看着中国工人干活，稍不如意，轻则拳打脚踢，重则棍棒加身。

日本人变着法子拿中国工人取乐。一天，日本工头伊藤冲着孟泰叽里呱啦讲建立"满洲国"对中国人大有好处，孟

泰没有理他，这个家伙竟往孟泰的饭盒里
擤鼻涕。孟泰气得把饭盒摔在地上，伊藤
则哈哈大笑起来。

　　日本工头不但在厂里刁难孟泰，还强
迫他到台町翻地、种菜。

　　孟泰去台町时路过洋街（今青年街一
带），狠心的日本人放出狼狗咬他。孟泰凭
着一身机灵劲儿左躲右闪，才没有被狗咬
着。

　　孟泰和工友们恨透了日本侵略者，琢磨
出各种招法和他们斗。每到半夜，日本人
睡着后，大家便故意胡乱给高炉上料，不

△ 南满铁路

按一定时间上料，该上什么料偏偏不上什么料，结果不是渣口堵了，就是糊了铁口。第二天，日本工头醒了，到炉上一看，气得嗷嗷直叫。

1934年，孟泰在日本人手下苦熬了7年，已经36岁了。除了寄给家里一点点零用钱外，根本没攒下钱，结果仍是光棍一条，过着独身生活。

为了省房钱，孟泰与两个工友在穷人聚居的八卦沟合租了一间简陋的旧房子作为栖身之处。

日子一久，好心的房东老太太看孟泰是个吃喝嫖赌样样不沾边的正经手艺人，就把从农村来城里打工的乔世英介绍给孟泰相亲。

乔世英出生在海城东四镇白旗堡子 (今红旗村) 一个贫苦农民的家庭。她本来已经结婚有了家庭，可却连遭不幸，先是外出做工的丈夫客死他乡，接着是10岁的儿子在挖野菜时因误食烟桃中毒而死。孤苦伶仃的乔世英漂泊到鞍山给人家当保姆，结识了这位好心的房东老太太。

乔世英人长得秀气，性格温和，又能做一手好针线活。经房东老太太介绍后，孟泰和乔世英两人一见钟情，没多久就拜堂成亲了。

为了结婚，孟泰欠下了一笔外债。乔世英知道后，立即拿出体己钱，还变卖了首饰，让孟泰还清了欠账。

孟泰成家后，不断添人进口，连生了三个姑娘，日子过得更加紧巴了。

在日本鬼子统治下，工人们吃粮实行配给制。一到领粮

△ 东北人民热烈庆祝抗战胜利

的日子，男女老少排着长队到配给店等候。如果赶上年节，头天下午就得去站排，晚上要披条麻袋睡在街上。就是遇上雨雪天，也得硬挺着排队，否则一家大人孩子都得挨饿。

配给粮都是些发霉变质的高粱米或苞米面，不仅难吃难咽，吃下去还容易生病。有了病没钱治，就得硬挺着，挺不过来就一命呜呼了。就是这样的配给粮，也只有一天工都不歇的人才能在月底领到一张配给票，凭票领到 48 斤配给粮。

1939 年底，在一次意外的事故中，孟泰的头部被硫酸瓶子炸伤，一连两个月上不了班。这一来，既开不到工资，也领不到配给粮了。

这时，孟泰已有 3 个女儿，全家 5 口人没了配给粮，乔世英只好领着孩子到野外撸树叶、挖野菜充饥。见妻子日渐浮肿，孩子们个个小脸蜡黄，孟泰心如刀绞。

1942 年，孟泰家又添了一个女儿，全家 6 口人就靠孟泰一个人挣钱养家糊口，生活更加艰难了。家里穷得几个人盖一床被，孩子们穿的衣服都是补丁摞补丁。

乔世英更惨了，实在没衣服穿，只得把一个粗布面袋子拆开缝了件小褂子穿。没有替换的，小褂子脏了时，只好等夜间家里人都睡了，才抓紧时间把小褂子洗了，第二天早早起来穿上。如果遇上天气不好，就得靠体温慢慢把湿衣服烘干。

有一次，家里实在揭不开锅了，孟泰一咬牙把自己的双层圆饭盒卖了。孟泰用这仅有的几个钱买了最便宜的绿色棉花籽面，掺着野菜全家人吃了十几天。

孟泰全家就是这样过着牛马一样的亡国奴生活，苦熬了好多年。

1945 年 8 月 15 日，日本战败，宣布无条件投降了。

那天，孟泰亲眼看到了人快人心的一幕：铁厂的日本人集中到修理厂办公室开会，散会后，这些平日里趾高气扬的日本人个个耷拉着脑袋，缩着肩膀，一脸哭丧相，有的连嚎带叫，有的砸桌子摔碗，像发了疯一样。

一位年轻的工友从高炉那边跑过来，高声喊道："祖国光复了！日本投降了！"

孟泰明白了发生的一切，大声招呼工友们："不干了，日本人完蛋了！"

十几个工友一齐拥进修理场的一间小屋。孟泰和工友们议论道："祖国光复，好日子跟着会来的，而且是从南边来，从关里来的。"

说着说着，他们齐刷刷面南而跪，摘下帽子，使劲鼓掌，任凭兴奋的泪水顺脸流淌着。

→ 绝　望

★★★★★

鞍山地区有丰富的铁矿资源和悠久的冶铁史。鞍钢的前身是日本侵略中国时期，

△ 昭和制钢所

于 1916 年始建、1919 年投产的鞍山制铁所，后改称株式会社鞍山昭和制钢所。

1940 年 12 月，昭和制钢所兼并振兴铁矿有限公司，形成采矿、选矿、炼铁、轧钢的连续制作系统。由于日本对华侵略战争的需要，昭和制钢所的规模迅猛发展。

到 1941 年，昭和制钢所已经具备年产生铁 250 万吨、钢锭 130 万吨、钢材 75 万吨的能力，占日本控制的总生产能力的 28.4%，规模仅次于九州的八幡制铁所。

如今光复了，孟泰和工友们满以为可以为自己的国家生产钢铁了。不料，孟泰和工友们空盼了一场。

1945 年 8 月 23 日，苏联红军进驻鞍山，不久便开始拆除昭和制钢所的各种主要生产设备，作为"战利品"运往苏联。

1946 年春，身着美式军装的国民党军队开进了鞍山，国民党政府派出的接收大员也陆续赶来。鞍钢一下子成了这些强盗的摇钱树，当官的挑大的卖，当兵的拿小的卖，钢材、生铁、焦炭成车往外拉，撒得满地都是。

在这期间，接收大员也曾组织工人进行了一些修复工程。孟泰和铁厂的工友费了不少力气修好了 2 号高炉的热风炉和卷扬机，盼望高炉能早日投入生产。没想到接收大员只是对钢材生产线修复感兴趣，这些环节恢复生产后，大量加工库存的钢铁半成品，然后忙运往上海、天津等地出售，获取暴利。而对修复时间长、耗费资金多的矿山、炼铁等工程只是敷衍了事，修一阵子就停了下来。

看到这情景，孟泰的心一凉到底，为国家生产钢铁的希望破灭了。他又气又恨，索性不上班，带全家回妻子的老家务农去了。

解放后的孟泰

→ "孟泰仓库"

★ ★ ★ ★ ★

1948 年 2 月，中国人民解放军开进鞍钢。解放军送来的粮食使饥寒交迫的孟泰一家痛痛快快地吃了顿饱饭，50 岁的孟泰有生以来第一次见到这样好的军队。

当年 4 月，鞍山钢铁厂成立后，需要组织一批政治可靠、有技术专长的工人向后方抢运器材。当时，有人对共产党能不能坐稳江山表示怀疑，而孟泰却态度坚决地表示："跟着共产党走，棒打不回头！"

孟泰积极抢运重要器材，全家随解放军干部辗转到了通化。

在通化，为了尽快修复两座高炉，孟泰顶着北国的暴风雪，冒着零下几十度的严寒，每天早晨5点钟赶到工地，一直干到天黑才收工。在他的带动下，原定80天才能修复的两座炼铁炉，只用35天就修好了。

1948年11月2日，历时52天的辽沈战役胜利结束。不久，东北全境获得解放。

为了支援正在进行的全国解放战争，党中央做出"抓住重点，先从鞍钢着手，恢复东北工业"的战略决策。

1948年末，孟泰奉命回到鞍钢炼铁厂修理厂担任配管组长。

1949年春天，中共中央和毛泽东发出"鞍山工人阶级要迅速在鞍钢恢复生产"的电令。

东北工业部按照中央的指令，选派优秀干部深入鞍钢，研究恢复生产的方案，让广大工程技术人员同工人一起抢修生产设备，鞍钢恢复生产的序幕由此拉开了。

1945年日本侵略者战败撤走时，把高炉都破坏了，把车间也炸毁了。

1945年8月苏军接管鞍钢，在监押数万日本战俘时，又把鞍钢的关键机器设备拆掉，运走了三分之二，连同其他物资共运走7万余吨，剩下的一小部分如运输皮带、滚珠、油脂、小型马达和电线等设备又被当地居民拆走，鞍钢的生产能力所剩无几了。

在国民党统治鞍钢的 22 个月里，负责掌管全国重工业的资源委员会将鞍钢的剩余炼钢设备改组成鞍山钢铁公司，但只产出区区 9500 吨钢，却偷走了不少设备和钢铁。

1948 年 2 月 19 日鞍山解放时，城区遭到了严重的破坏，水电煤气全部停供，一片废墟，满目凄凉。

孟泰奉命回到鞍钢时，鞍钢正百孔千疮，炼铁的高炉被破坏成了大铁堆，生产全面瘫痪。

一个被留用的日本冶炼专家断言："恢复鞍钢，谈何容易，需要美国的资金和设备，日本的技术和 20 年的时间，而现在你们一无所有，这里只能种高粱。"

对此，刚从解放区回到鞍钢的孟泰坚定地说："咱们就是要炼出铁来给他们看看！"

东北重工业部下达了迅速恢复鞍钢生产的指示后，鞍钢的领导立即动了起来。但修复高炉需要各种零部件，可当时解放战争还没有结束，上哪去找这些东西呢？鞍钢已被破坏得不成样子了，有些器材国内不能生产，即使花钱也很难买到。

这时，只是一名配管工的孟泰忧心如焚，在九座破烂不堪的高炉之间转来转去，想着修复高炉的办法。

孟泰整天围着高炉转，晚上睡觉时总是翻来覆去地合不上眼。

原来，孟泰一直在苦苦思考着修复高炉用的器材来源。

△ 1948年冬，孟泰望着刚刚回到人民手中的高炉已破烂不堪，忧心如焚

一天深夜，孟泰突然想：那些废铁堆或许能帮上忙。

第二天，孟泰来到废铁堆前，就在他深一脚浅一脚打转时，突然被什么东西绊了一下，捡起来一看，原来是一个三通水门。他眼前一亮，马上在周围连踢带扒，一会儿，找到了好几个高炉上的零部件。

孟泰跑遍了所有的废铁堆，发现许多残材废料。这些材料只要经过修理或改造，完全可以使用。他高兴地笑了。

于是，在那寒风刺骨的三九天，孟泰整天从那些被冰雪封盖了的废铁堆中翻掘一切可用的材料。

　　接连几天，孟泰天天在厂里收集器材。

　　孟泰每到厂内走一次，总能捡几件有用的东西带回工作间。完整能用的，他分门别类保存起来；破旧的，他利用工余时间去修理，没有汽油除铁锈，他就捡些碎玻璃砸成粉末来磨。

　　孟泰搜集的器材，开始用几个小箱来盛，渐渐堆满了一间屋子。

　　在既没有组织号召，也没有领导指派的情况下，孟泰不声不响、自觉自愿地做起了回收和修复废旧器材的工作。他不顾东北零下几十度的严寒，跑遍了厂区，搜集废旧材料和零部件，他把日伪时期遗留下来的几个废铁堆翻了个遍，高压阀门、三通水门、连接管件、各种螺栓，凡是能用的都捡回来，就连埋在土里、荒草下、水坑中的管件，他也想方设法抠出来。

　　当时，配管组里的工人，包括他的弟弟在内，都说："大冷天，翻弄这些玩意儿有啥用? 没啥干的烤烤火多好!"

　　孟泰说："水未来先垒坝，得准备修复高炉用的器材啊!"

　　组员说："到时候咱可以买新的，没人用这些破东西!"

　　孟泰说："买新的，还得要时间呀! 再说，现在的工厂是咱自己的了，能省就得省!"

　　孟泰这么一说，有一部分人思想通了，跟着孟泰干起来。

思想未通的，见组长和大家都在忙，也不好意思闲着了。

不久，孟泰带领组员准备够了足够修复四个高炉用的器材，足足堆满了两间屋子。

高炉修复委员会计划修复高炉时，被一时无法解决的器材难住了。

厂长召开职工大会，动员大家想办法，解决器材问题。

厂长的话还未说完，孟泰就忍不住地打断说："报告厂长，这个困难我们早已解决了！"

△ 孟泰带领工友们收集起来的管件把小房子装得满满的

大家的目光都半信半疑地投向了孟泰，厂长催孟泰谈谈到底是怎么回事。

孟泰顾不得回答，领着厂长就往他放置器材的场房跑去。大家一看，都惊呆了，修复高炉所需要的器材都已经摆在那里了。

当厂长了解了这些器材的来历后，感动得紧紧握住孟泰那双冻坏了的手。孟泰放置器材的那个厂房，当场就被厂长命名为"孟泰仓

△ 在修复1、2、4号高炉时所用的配管材料，几乎都是孟泰和工友们修复后存放在仓库中的，品种上千，数量上万，叫响全国的"孟泰仓库"由此得名

库"，厂长还聘请孟泰参加了高炉修复委员会。

修复炼铁炉期间，所有的冷却水管、风管、气管等零件都出自"孟泰仓库"，仅三通气门一种就在 3000 件以上。

从工厂修复到 1950 年，材料科没接受一次领料单。

1950 年末，"孟泰仓库"还保存数千件各种部件，为下一个工程准备了充足的材料。

中共鞍山市委和鞍钢高度重视孟泰这种爱厂如家、艰苦创业的精神，号召大家以孟泰为榜样，在鞍钢发起了一场大规模的交器材运动。

短短半年多的时间，一度死寂的鞍钢展露出勃勃生机。带着翻身做主人的感激与喜悦，带着对新社会的憧憬和向往，以孟泰为代表的鞍钢人，硬是在一片废墟上恢复了生产。

在鞍钢的发展史上，"孟泰仓库"是一座不朽的丰碑。

1949 年 6 月 26 日，是孟泰和工人们终生难忘的一天，首先修复的 2 号高炉流出了第一炉铁水。

1949 年 7 月 9 日，鞍钢第一炼钢厂举行复工典礼，中共中央东北局副书记李富春代表党中央和毛泽东到鞍钢送了一面"为工业中国而奋斗"的锦旗，以示祝贺。

这一天，是一个令所有鞍钢人永远铭记的日子，也是载入史册的重要一页。

这一天，不仅标志着鞍钢从一片废墟上崛起，它的特殊意

△ 1949年6月27日，鞍钢恢复了2号高炉生产，炼出中国工人阶级第一炉"争气铁"

义还在于中国钢铁工业从此站上了一个新的起点。从这里奔涌而出的第一炉铁水，恰如一个开闸的源头，由此开始了新中国钢铁洪流奔腾不息的历史长河。

这一天，在庆祝鞍钢开工典礼大会上，中共鞍山市委、鞍山职工总会和鞍山钢铁公司命名孟泰为一等功臣。

第一个高炉开火不久，在一个深夜里突然刮起暴风来。孟泰被风声惊醒，再也睡不着觉了。

孟泰焦急地对妻子说："高炉的防寒设备还没安好，可千万别结冰啊！"

孟泰刚要下炕去看水缸里的水结没结冰时，突然有人前来敲门，边敲边喊："孟师傅，冷却设备断水啦，技术员和工人都没找出毛病来，快去看看吧。"

孟泰一听，连棉衣都没顾得穿，拔腿就向工厂跑。到工厂时，孟泰身上的单衣已被汗水湿透。

这时，高炉即将出铁，断了水的风口和扁水箱已烧化了七八个。如不及时抢救，还要被烧坏更多，那就要影响生产了。

孟泰问炉前的工人道："水道里检查了没有？"

工人回答道："没有，已经结冰了……"

孟泰没等工人说完，伸手夺过一把管钳，纵身跳进两三尺深的水道里。

水道里水流很急，站不住脚，孟泰就蹲下去检查。

水淹没了孟泰的腰部，刺骨地寒冷。孟泰咬紧牙关，终于找出了事故的源头。原来，总水门被杂物堵住了。

孟泰二话没说，立即在冰水里排除堵塞杂物。等到抢救好了，他全身已失去知觉，连话都不能说了。

同年8月1日，孟泰光荣地加入中国共产党，成为解放后第一批工人党员。

同年8月15日，在鞍山市纪念"八·一五"光复四周年暨鞍钢立功竞赛运动庆功大会上，孟泰又获得了特等功臣的光荣称号。

同年9月7日，鞍钢炼铁厂1号高炉修复投产，所用的配管材料也都是孟泰及伙伴们捡来的。

同年10月份，鞍钢党组织公开。孟泰转为正式党员并担任工人技术员。

同年底，鞍钢第一次评工资，论贡献，工人和厂领导一致评孟泰一等工资，而他坚决不拿一等，把一等工资让给了别人，自己只拿二等工资。

→ 工厂是命根子

★ ★ ★ ★ ★

1950年春，在修复高炉的那些日子里，

孟泰很少回家，一心扑在工作上，连家什么时候搬到鞍山市铁东区对炉山新居，五女儿什么时候出生的他都不知道。

同年6月25日，抗美援朝战争爆发后，美帝国主义者把战火一直烧到鸭绿江边，不断出动飞机在我国边境地区狂轰滥炸。

在这危急关头，孟泰不顾个人安危，把行李扛到高炉旁，日夜守护在高炉上。

△ 1950年，当朝鲜半岛的战火烧到鸭绿江边时，孟泰率先倡导开展抗美援朝生产大竞赛，支援前线

1950 年 8 月中旬的一天，高炉突然发出一连串巨响。孟泰意识到，这是发生严重事故了。

　　孟泰毫不犹豫，将生死置之度外，顶着浓烟，冒着不住喷射的水柱，凭着多年的工作经验寻找事故原因。

　　孟泰向判断出事的铁口摸去，终于查出了"病源"。原来，在出铁口旁，有一处炉皮钢板被烧穿了。

　　流出来的铁水碰到了炉皮外的冷却水，因此发生了爆炸。

　　见此情景，孟泰奋不顾身地跑上前，和随后赶过来的配管班工友一起，关闭了冷水门，又用铁板把水与炉皮隔开，炉内停了风，压力小了，铁水才不往外冒了。

　　这时，炉前工人又用耐火泥堵住了已烧穿的口子，险情被彻底排除，所有的人都松了一口气。

　　孟泰冒着生命危险排除险情的事儿在工人中间广为传颂，于是，孟泰有了"老英雄"的称号。

　　同年 8 月 23 日，在鞍山市第一次劳动模范大会上，孟泰与郭英忱、孙照森、张文翰、杨明远等被推选为出席全国工农兵英模代表会议代表。

　　同年 9 月 25 日，孟泰作为全国工农兵英模代表会议主席团成员，在北京中南海怀仁堂受到毛泽东等党和国家领导人的亲切接见。

　　有人问孟泰为什么对任何艰险的工作都不畏缩，孟泰回答说:"工厂是我的命根子,没有工厂,也就没有我。"

同年10月,因抗美援朝战争爆发,孟泰的妻子乔世英带着五个女儿疏散到了弓长岭,孟泰一个人搬到炼铁厂,誓与高炉共存亡。

在改装整个高炉的冷却设备管子的第一天,参加工作的工人被弥漫的瓦斯烟熏倒了一

△ 1959年全国七运会期间,毛泽东同志接见孟泰

△ 周恩来同志接见孟泰

半多，部分工人慌了。

这时，只要停止工作一刻钟，就会烧坏很多冷却设备。

在这个紧要关头，孟泰一面找老工人研究出将工人分组，每隔半小时轮换一次的办法，一面用自己的模范行动带动大家坚持工作。哪里的瓦斯烟最浓，孟泰就出现在哪里。

在整个改装过程中，孟泰有时一天被熏

倒一两次，但被背下高炉后，只要一清醒，他便马上又奋不顾身地冲了上去。

在孟泰忘我精神的鼓舞下，大家终于坚持了整整一个月，完成了这项光荣而又艰巨的任务。

后来，孟泰根据伪满时期发生事故的规律和经验，日夜苦心研究，想出许多办法，带领全配管班的工人，根治了冷却设备上二十多处经常容易发生事故的地方。

孟泰常对工人们说："事故是生产上的敌人，所以人要主动去找事故，不要让事故来找人。"

在孟泰的影响下，全班近三年没有发生过责任事故。

1952年8月2日，鞍山市召开第四届劳动模范代表大会，孟泰同志被命名为特等劳动模范。

同年10月1日，孟泰参加了北京天安门前的国庆观礼。

同年10月份，鞍钢开始大规模的基本建设，孟泰担任了炼铁厂修理厂厂长。

1953年，孟泰第一个报名参加鞍山市总工会开办的扫盲学习班。

说起孟泰的钻研精神，女儿孟庆珍有着生动的回忆：

爸爸是班里年龄最大的学员，也常常是第一个走进教室的学员。他付出了数倍于其他学员的努力，像是着了魔。

在家里，见女儿走过来，孟泰便自信地把识字课本往孟庆珍手里一塞说：

"来，考考爹。"

孟庆珍为父亲的精神所感动，她一方面自己努力学习，另一方面主动当起了父亲的"小家庭教师"。受识字卡片的启发，她在父亲的识字课本上添了不少小图案：蝴蝶、镰刀、轮船、高炉……

有了女儿的帮助，孟泰学习的效率大大提高了。六个月后，他欣然领取了毕业证书，并通过自己的努力获得了一张优秀学员奖状。

孟泰想：要使中国很快工业化，不积极改进技术，单凭热情劳动是不行的。因此，三年来，孟泰进行了许多次技术革新，当时给国家创造了近60亿元的财富。

有一天，孟泰到会计科去，发现工厂用水经费很大，他非常心痛。从这以后，他下班后在回家的路上总是低着头，边走边琢磨，想着怎样才能节约用水。

一天深夜，孟泰忽然从床上跳下来，打开电灯就画起图来。他终于研究出了降低消耗水量的办法。

实行孟泰的办法后，用水比以前节省了一半，当时给国家节约了16.5亿元财富。

在研究节约用水的一个多月中，孟泰白天吃不下饭，晚上睡不着觉，身体消瘦了许多。

三年来，在孟泰带领下，配管班在利用废材方面给国家节省了大量的器材，按重量计算，足有600多吨。在工作中，他们很少向领导要材料。孟泰只要捡到一个小螺丝钉或螺丝帽，总是习惯地带回工厂，能用的就修理修理用，不能用的就送到矿罐里随着铁矿运进高炉里去化铁水。

孟泰已成为鞍山市劳动人民的一面光辉旗帜，他那爱国精神已经贯彻到每个工人的行动中。电工组在他的影响下，利用废料做成的电动机就有33台，约500马力。仅有10

△ 孟泰刻苦钻研，敢于大胆创新，亲手改进自动注油器，他提议和主持的小改小革不计其数

名工人的孟泰配管班，很快便出现了7名劳动模范和功臣。鞍山市的中小学校，都把孟泰精神当作教育学生热爱祖国的活教材。

孟泰的妻子讲了这样一个故事：

有一天，我好几年没见面的姐姐前来看我。这时，偏巧孟泰回来了，他亲热地对姐姐说："日本鬼子统治东北，咱吃的是橡子面和酒糟似的高粱；国民党一来，我失了业，穷得连上班用的饭盒都卖掉了；共产党来了，生活才步步提高。用的不必说，就是吃的也越来越好了。这次，姐姐在咱家多住些日子吧。"可是，他还没把话说完，突然扭头就走了，弄得我姐姐好难为情。我连忙解释说："现在他已经参加了共产党，工作劲头可大啦！他没有夜班，晚上却睡睡觉就没影儿了；有时五更半夜才回来；有时到晚上才回来吃午饭。他这时一定又想起什么要紧事，跑到工厂里去了。"说实在的，我若不解释一下，真能叫人家误会呢！

孟泰是从苦日子里熬出来的，他最明白生活和斗争的目的。解放后，他高度发挥了工人阶级的主人翁精神，把工作变成了他的生活。

→ "孟泰工作法"和攻克技术难关

★★★★★

在修复高炉的日子里，孟泰经常不回家，把工厂当作了自己的家。

在1、2、4号高炉点火生产的前后，孟泰干脆住进了炼铁厂。

孟泰在他的岗位上兢兢业业，任劳任怨，在面临高炉爆炸、生死抉择的时刻，他也是第一个冲在前面。

为了及时发现高炉的隐患，孟泰提出了"宁叫人找事故，不让事故找人"的口号，并且归纳出"眼睛要看到，耳朵要听到，手要摸到，水要掂到"的"四到"检查制度。这项制度被工人们亲切地称为"孟泰工作法"。孟泰在技术革新、攻关、协作的活

△ 孟泰根据多年维护高炉冷却系统设备的实践经验，总结出易记、易懂的"孟泰工作法"

动中为鞍钢做出了不可磨灭的贡献。

1956 年，孟泰被国务院授予"全国先进生产者"称号。孟泰所创造的"孟泰工作法"一直在生产中发挥着巨大的作用。

孟泰不仅爱厂如家，爱炉如命，以"高炉卫士"闻名，更以坚强毅力刻苦学习文化，钻研技术，学用结合，细心调查研究，对高炉上密如蛛网的 1000 多根冷却水管了如指掌，总结出一套高炉循环水系统维护工作法。他亲手建立的"孟泰储焦槽"，每年节约上千

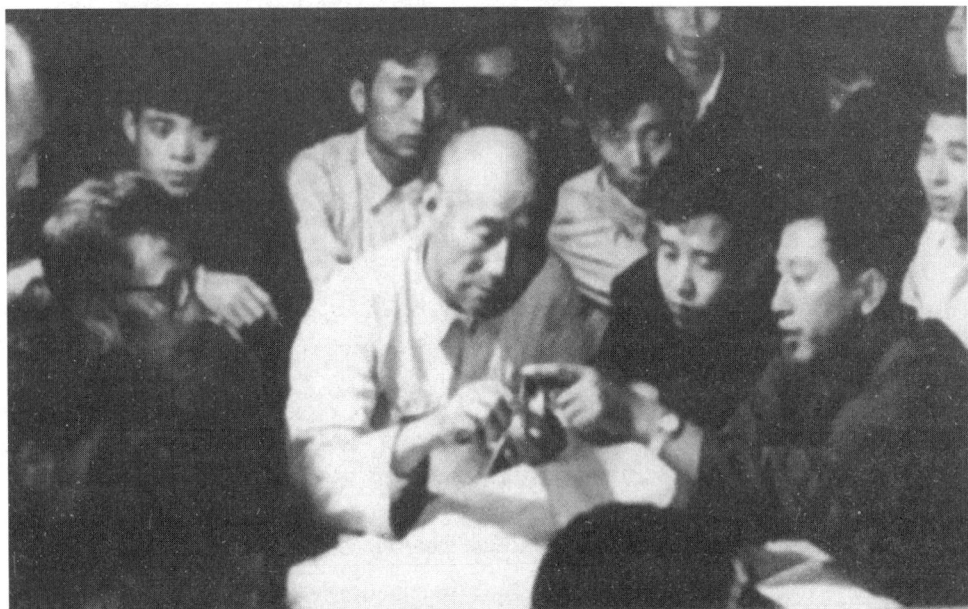

△ 孟泰、王崇伦、宋学文等同志在一起开展技术协作活动

吨焦炭。他还为配矿槽研制了防暑降温设施，改善了作业环境。为此，同行们都称他为"高炉神仙"。

"一五"（1953—1957）计划开始后，孟泰以主人翁的姿态带领工友们对生产工艺和设备进行技术改造，自制高炉风口，巧制"桥型抓"。除自己实现60多次重大技术革新外，还组织、带领了一大批劳动模范、技术专家和能工巧匠，开展了大规模的技术革新、技术协作和技术攻关活动，为改造、建设鞍钢发挥了重要作用。

多年来，孟泰自己设计制造成功的研制双层循环水给冷却热风炉燃烧筒提高寿命100倍；试制成功的瓦斯灰防尘罩，既减少了环境污染，又增加了企业的经济效益；组织的提高更换高炉风口、铁口速度的技术攻关，刷新了铁厂生产的历史纪录。

1958年的一天，孟泰到配矿槽了解生产状况，发现这个岗位由于上一道工序的厂家送来的烧结矿热量未散尽，导致高温难耐，最高温度接近80℃，致使工人整天挥汗如雨。

孟泰发现这种情况后，立即召集能工巧匠到现场研究降温方案，并亲手画出安装冷却水管线的草图。

经过一番苦战，冷却系统启动运转，作业环境的温度降到规定标准以下。一个生产上多年来的老大难问题得以彻底解决。孟泰就是这样心系工厂，切实为生产一线的工人排忧解难。

1959年，鞍钢在孟泰、王崇伦的倡议和带动下，形成了一支以各级先进模范人物为骨干的1500多人的技术革新队伍。

1959年4月，孟泰出席第二届全国人民代表大会，并当选主席团成员。同年10月，孟泰参加全国工业、交通运输、基建、财贸战线社会主义建设先进集体和先进生产者代表大会，再度被授予全国劳动模范。

这时，孟泰已与名扬全国的技术革新闯将王崇伦结成一对忘年交。

1959年，铁厂因冷却水水量不足而影响高炉正常生产，孟泰连续半个多月炉上炉下转，经过反复思考，他提出将高炉循环水管路由并联式改为串联式方案。

经过组织全厂各方面人员进行联合攻关，改造后铁厂高炉循环水节约总量达1/3，全厂每年可节约费用23万元，保证了高炉的正常生产。

1960年初，苏联政府背信弃义撕毁合同，停止对我国供应大型轧辊，致使鞍钢面临着停产的威胁。孟泰、王崇伦迅速动员和组织了500多名技协积极分子开展了从炼铁、炼钢到铸钢的一条龙厂际协作联合技术攻关，先后解决了十几项技术难题，终于自制成功大型轧辊，填补了我国冶金史上的空白。这项重大技术攻关的胜利，在当时的全国冶金战线曾轰动一时，被誉为"鞍钢谱写的一曲自力更生的凯歌"。

为了表彰孟泰在技术革新中的特殊贡献，1960年5月18日，经鞍山钢铁公司经理办公会议研究决定，孟泰由副技师破格晋升为工程师。

→ 赴朝慰问

★★★★★

1950 年朝鲜战争爆发，战火烧到了鸭绿江边。

抗美援朝战争期间，孟泰主动当护厂队员，把行李扛到高炉上，冒着空袭的危险，日夜守护，誓与高炉共存亡。工友们被感动了，也跟着孟泰一起守护高炉。

1953 年春，孟泰作为中国人民赴朝慰问团成员，慰问保家卫国的最可爱的人——中国人民志愿军指战员。

在桧仓郡，孟泰满怀深情祭扫了烈士陵园，凭吊了英勇牺牲的杨根思、黄继光、杨连弟、邱少云、毛岸英等优秀中华儿女。

赴朝归来后，孟泰到各厂作报告，用

自己耳闻目睹的事实介绍了志愿军可歌可泣的事迹，使职工们深受鼓舞。

据孟泰的大女儿孟庆珍介绍，因为孟泰当年是全国著名劳模，也是人大代表，所以很多艺术家、劳模、战斗英雄都与他相识。这些名人每到鞍山慰问演出或路过鞍山时，都要看看孟泰。在孟庆珍的记忆中，作家丁玲来过，著名演员赵丹、白杨、韩少云、傅全香来过，战斗英雄郅顺义也来过。

1956年冬，上海越剧院一团奉命赴京集中，参加赴朝慰问队，慰问中国人民志愿军。

越剧著名演员傅全香没料到孟泰竟和她们编在一个队。在此后近三个月中，孟泰和

△ 孟泰向组织表决心：多炼铁，炼好铁，保家卫国

他们朝夕相处。给傅全香印象最深的，是孟泰那一双结结实实的大手。

演员演出总要化妆、卸妆，这都离不开水。孟泰每到一地，第一件事就是打听有没有热水，然后带头用他那一双结结实实的大手为演员端来一盆盆热水。

那时，演出条件艰苦，山地即是舞台，山风刮得幕布乱掀乱动。每次都是孟泰用他那双结实的大手紧紧地拉住幕布。有时山风实在太大，他索性把整个身子横躺下来，权当"压脚"。

老孟泰的手曾为人民创造了无数财富，而今他又用这双手为慰问演出忙前忙后了。一股敬意油然从大家心中升起，大家不再称他"孟泰同志"了，而是亲热地称他"老孟泰"。

整个慰问演出期间，孟泰对演员像长辈关心儿女一样。

傅全香在怀念文章中讲了两件让大家流泪的事：

一件是有一天拍完戏后已到深夜，大部分人都疲倦入睡了。不知是谁发现孟泰的床上没人，消息传开后大家急忙穿起衣服去找。人很快找到了，原来老孟泰正在为大家烘火墙，他生怕零下四十度的严寒把这些南方姑娘给冻坏了。大家见到孟泰时，他自己的那件老羊皮大衣正包裹着一个年轻的小战士，他则用结实的大手把大把大把的木柴塞进炉膛。纷纷扬扬的大雪使他和那位小战士已经变成雪人一样了。见此情景，大家的眼眶都润湿了。

另一件事是有一天团队从驻地出发，去一个阵地演出，路上要翻过一座大山，路面弹坑多，加上寒冬腊月，积雪成冰，车子很难开，要在车轮上扎上铁链才能行驶。那天，车行至半山腰,突然打滑倒行,傅全香第一反应是"不好，今天看来要出事了！"然而此时孟泰早已跳下车去，先用肩膀顶，后来又用他那双结结实实的大手死死拉住了铁链，司机急忙刹车，一场翻车悲剧才得以避免。大家跳下车时，只见老孟泰那双大手上，青一道红一道，有些地方已渗出淡淡的血。大家无语哽噎，任激动的泪水涌出眼眶，流下腮边。

→ 为人民办事

★★★★☆

当苏联停止供应大型轧辊，鞍钢面

△ 孟泰十分关心青年工人的成长，给他们讲传统，讲理想

临停产威胁时，正是孟泰组织包括王崇伦在内的 500 多名积极分子，发扬了孟泰精神和王崇伦精神，开展了从炼铁、炼钢到铸钢一条龙厂际协作的联合技术攻关，解决了十几项技术难题，终于自制成功大型轧辊，填补了中国冶金史上的空白，为鞍钢谱写了一曲自力更生的凯歌。孟泰亲自设计制造成功的双层循环水系统，使冷却热风炉燃烧筒的寿命提高 100 倍。

孟泰把毕生的精力全部无私地奉献给

了鞍钢，奉献给了新中国的建设事业，他为恢复鞍钢生产建设和发展我国钢铁工业做出了突出贡献。"一五"时期，鞍钢人艰苦创业，顽强奋战，创造了中国工业建设史上的奇迹。作为鞍钢乃至全国工人的光辉典范，孟泰身上集中体现出了工人阶级爱厂如家、艰苦创业、自力更生的可贵精神。这种精神，在今天更加显得弥足珍贵。孟泰精神是我国社会主义建设时期企业精神的具体体现，它代表了鞍钢的奉献精神，代表了上世纪50年代中国工人阶级的风貌。孟泰的名字不仅铭刻在共和国的发展历史上，也深深地铭记在全国人民的心中。

孟泰作为人民代表，除了做好厂里的本职工作外，还要做许多社会工作。

孟泰名声远扬，不一定什么时候就会有人来找他，其中有工人、农民，也有机关干部、家庭妇女。反映情况、寻求帮助甚至喊冤告状的，不论是什么人，也不管为什么事情，孟泰总是热情接待，认真倾听，只要力所能及，他总是有求必应。

1954年，孟泰当选为第一届全国人大代表。作为人大代表，他心里装着高炉和生产，更装着工人生活上的冷暖。这年秋天，鞍山市暴雨成灾，厂里很多职工家里的房子都进了水，有的甚至墙倒屋塌。正在市里开会的孟泰闻知此事，

△ 孟泰当上人民代表以后，深入居民区了解职工住房情况

　　火速来到受灾职工的家里了解情况，并立即把受灾的情况反映给市政府，同时提出了解决群众危难的具体意见。孟泰和工人们一起分片包干，逐户落实，保质、保量、保速度地完成了危房抢修任务。

　　1957年6月，孟泰担任了鞍钢炼铁厂副厂长。在任副厂长的八年中，孟泰办公室的门大部分时间都是锁着的。他不是在生产一线一边劳动一边处理各种急需解决的

问题，就是深入群众中听取呼声、意见和要求。因此，他被工人们称为"身不离劳动，心不离群众的干部"。

孟泰是第一、二、三届全国人大代表，平素找孟泰反映工作上的问题和求助解决生活中困难的人越来越多。对于这些来访的人，孟泰从来不嫌麻烦，每次都是热情接待，常常连饭都顾不上吃。孟泰的女儿们心疼老父亲，有时就悄悄地出面"挡驾"，孟泰得知后严肃地批评了她们："当人民代表就得心甘情愿给人民办事，自己少吃几顿饭、晚睡一会儿觉都是值得的。把老百姓反映的事解决好，才能吃得香、睡得着，才配当人民代表。"

20世纪60年代初，正值三年困难时期，鞍钢工人克服了生活上的困难，继续坚持生产。

1960年春，乡下亲戚进城看望孟泰，顺便给孟泰送来两头小猪崽，经过次女孟庆兰起早贪黑上山下地，剜野菜、割山草、捋树叶搜集饲料，在全家人的精心饲养下，小猪越长越肥实。

看到职工的身体每况愈下，孟泰绞尽脑汁想办法，提出办农场，为职工解决生活问题，他和工人同吃、同住、同劳动，农场办得很有起色。对此，我国著名诗人郭小川的长诗《追踪老孟泰的脚步》中作了深情的描写。

一天，孟泰悄悄地让工友帮他把自己家里辛辛苦苦养大的两头肥猪杀了，送到工人食堂给大家改善伙食。

当工人们兴高采烈地在食堂吃猪肉水饺时，厂党委书记含着感动的眼泪告诉大家，这是孟泰的小女儿把乡下亲戚给的两个小猪崽，一把草根、一筐野菜喂大的，可他们全家却没舍得吃，全都送给了工人食堂。

在场的人知道了这件事情之后，都被孟泰这种无私奉献的精神所打动。在孟泰的这种不讲条件、不问代价、无私奉献的精神激励下，鞍钢工人的心更加凝聚在一起。

1962 年 3 月，孟泰从一位医生的口中得知鞍钢立山医院由于缺少病床，一批急待住院的职工因此入不成院而影响了身体康复。孟泰挤出时间到供应处、无缝钢管厂、焊管厂等单位联系，替医院买了几吨废钢管。孟泰又从厂里带来青年突击队成员利用工余时间自制铁床。一周之后，50 多张床整整齐齐搬入病房之中，为医院解决了燃眉之急，还节省了一笔可观的费用。

→ 老孟泰与王崇伦

☆☆☆☆☆

说起王崇伦，就不能不提到"万能工具胎"，"万能工具胎"的传奇故事是王崇伦这个乐于钻研、聪颖过人的年轻人的灵感之作。

20 世纪 50 年代初，我国开始实施第一个五年计划，国内钢铁企业老大哥，即第一个大型钢铁联合企业鞍钢重任在肩。

这时，鞍钢生产指挥中枢——大白楼接到矿山一线的告急：

"大批凿岩机因缺少备件——卡动器而被迫停止作业，请从速支援。"

十万火急的试制任务落到王崇伦所在

△ 王崇伦在工作

的机修总厂工具车间。

卡动器是凿岩机上最易磨损的零件，虽然体积还没有拳头大，但制作工艺复杂，需要经过车、插、铣、渗碳、淬火等十二道加工工序，而且精度要求很高。当时国内尚无厂家能生产这种备件。

工具车间试制卡动器刚开始就卡了壳。第一道工序的车床加工只需要 45 分钟就能加工一个，而第二道工序插床加工一个却需要两个半小时。全车间只有一台插床，插床工忙得满头大汗，可机床前积压的待加工钢件却越来越多，负责后续加工的铣床、磨床工只能干干停停，有劲使不上。结果，一天下来只能制作四五个卡动器，与矿山生产的迫切需要相去甚远。

各厂矿急如星火，干脆派专人守在工具车间，加工完一个卡动器，立即便接过去送往矿山。

可偏偏在这时，车间又接到为凿岩机试制第二种常用备件——反螺母的任务。这又是必须经过插床加工的件儿。一时间，插床前积压的待加工件多达上千件。

插床的加工低效率让全车间的人都忧心忡忡，一个个绷着脸，总是高兴不起来。

这时，没有加工任务的刨床趴在那里。王崇伦心急火燎，吃不香，睡不着，不管干什么，他总是在琢磨插床的事。

有天晚上，王崇伦在整理技术资料时，翻动一张刨床代替铣床加工拉杆的现场照片，他突发灵感，一个大胆的构想产生了。

半个月后，双颊深陷的王崇伦把特殊的工具胎图纸展现在车间领导面前：这个工具胎外壳酷似一台电动机，由40多个零件组成，卡动器和反螺母都可以固定在套子中，旋转360度，可任意选择加工角度。原来插床一次只能加工一个工件，而工件放置在这个工具胎内，刨床可以成摆切削，就像穿糖葫芦一样方便。车间主任和技术人员看了图纸都对王崇伦的奇妙构思赞不绝口，认为这是一个大胆的设想。如果成功，一切问题都解决了。

在车间领导和工友们的支持下，几天后，一个长 500 毫米、直径 200 毫米的工具胎被安置在王崇伦的刨床上。试车这天，数百人前来观看。当第一批工件加工完毕时，计时人宣布说："加工一个卡动器耗时 45 分钟。"

让人震惊的是，以往加工凿岩机的 40 多个零件，每加工一种零件都得制作一套专用的卡具，而这一工具胎竟能全部取而代之。王崇伦创造的这一独特工具胎被命名为"万能工具胎"。

在此后的时间里，王崇伦屡破卡动器加工纪录，由 45 分钟缩短到 30 分钟，最后缩短到 19 分钟，相当于最初效率的 6 倍。这样，他操作的"牛头刨"成了"千里马"，以当时加工的 9 种零件的定额时间来计算，从 6 月到 10 月平均效率提高了 5.5 倍。

"万能工具胎"的发明并不是偶然的，王崇伦一直以来总是以老孟泰为榜样，是车间出名的"革新迷"。

　　在加工飞机拉杆时，王崇伦敢想敢干，一反常规，改进了刀的角度和卡具，加工效率提高了4倍。在加工出油口工件中，他改造卡具，使效率提高了10倍。

　　从1951年12月开始，在17个月中，王崇伦实现重大技术革新8项。

　　1952年7月，王崇伦被评为全厂劳模；10月，加入了中国共产党。

△ 老孟泰和王崇伦、张明山讨论大会发言稿

1954 年初，在老孟泰的鼓励下，由王崇伦提议并执笔，与张明山、唐立言、黄荣昌、刘祖威、朱顺余、傅景文七位在全国有影响力的技术革新能手联名向中华全国总工会发出"在全国范围内开展技术革新运动"的建议。4 月，全国总工会下发了《关于在全国范围内开展技术革新运动的决定》。

在技术革新的实践中，王崇伦感到能工巧匠搞革新、攻难关虽然各有所长，但由于工种不同，也会造成客观上的局限性，使一些本来能够解决的技术难题久拖无果。由此，他萌生了开展技术协作的想法。

1959 年初，王崇伦找到老英雄孟泰，将自己的想法和盘托出。两位忘年交产生了共鸣。经两人的精心筹划，这年年底，鞍钢成立了一支以劳动模范、先进人物为骨干的技术协作队伍，人数多达 1500 人。

从此，王崇伦又开始了不同寻常的奔忙。每逢星期天，他家门前都停着一排自行车，各厂矿的"刀具大王"、"焊接大王"、"吊装大王"纷至沓来。

经过一番切磋交流，一场技术攻坚战很快便打响，他的家成了鞍钢技协骨干最热闹的参谋处。

在发展壮大技协队伍的过程中，王崇伦提出了"一连十"、"滚雪球"的办法，要求每位鞍钢公司级的能工巧匠年内串联 10 名本单位的能工巧匠加入技协队伍。

在技术协作蓬勃发展的时期，各地碰到技术上解决不了的难题，就到鞍钢找王崇伦。

20世纪60年代初，我国三年困难时期，大型轧钢机轧辊被停止供应，鞍钢各轧钢厂面临停产。在这紧要关头，孟泰与王崇伦主动请缨，承担组织研制大轧辊的攻关任务。

在孟泰和王崇伦的领导下，500多名由干部、工程技术人员、能工巧匠组成的技协积极分子众志成城，从炼铁、炼钢到铸造形成一条龙跨厂际联合攻关。

在老孟泰的领导下，历时一年之久，先后突破十几项重要技术难题，终于试制成功大型轧辊，解了燃眉之急，也填补了我国冶金史上的一项空白。

在老孟泰的鼓励下，王崇伦又组织阎俊杰、宋学文等著名劳动模范成立了机械、冶炼、焊接、金属切削、刀具、架工等技术协作小组，利用业余时间，在鞍钢职工俱乐部、科技馆等六个活动场所开展活动，解决了许多技术上的关键问题。

鞍钢的炼钢空气压缩机阀片过去一直靠进口，王崇伦与有关人员群策群力，经过反复试验，终于生产出了空压机阀片。

到1962年底，王崇伦领导的鞍钢技协队伍已有1.5万多人，车、钳、铆、电、焊等工种齐全，设计、施工、抢修成龙配套。这支具有高度主人翁精神和精湛技艺的队伍在老孟泰的领导下，不仅为鞍钢解决了一大批生产和技术改造中遇到的难题，还应邀为鞍山市乃至辽宁省、东北地区的许多生产厂家解决了重大生产难题，为鞍钢赢得了殊荣。

→ 老孟泰热爱劳动

★★★★★

63岁这年春天，老孟泰忽然觉得脑子发胀、发木，好像戴上了紧箍咒一样痛。

孟泰想："糟啦，一定是脑子坏了。"

像往常一样，孟泰有了病也不愿意进医院。他觉得医院是好，医生也好，可就是治疗要花时间，这可就不好了。

对于孟泰来说，时间就是钢铁。他相信自己的意志力，他不服老，病了就硬挺。

可是，孟泰毕竟已经63岁了，虽说像小伙子一样心里热烘烘的，但当他爬上高炉的时候，他的两腿已经开始发抖，胸口有点跳，还时不时地发喘。

过了几天，孟泰的病根被查出来了，原来是高血压。

在炼铁厂党委的坚持下，孟泰住院了。

△ 孟泰在清洗管件

8月是北方淫雨季节，太子河泛滥了，造成了百年不遇的大水灾。

鞍钢的原料运输突然中断，这对于钢铁生产是致命的威胁，孟泰又痛苦，又愤怒。怎么可以让活人憋在医院里呢？

眼望黑锅似的天空，耳听瓢泼似的大雨却无能为力，孟泰的血压又高了。

鞍钢是全国一面红旗，这是在大企业里坚持党的领导，坚持大搞群众运动的红旗。联合技术表演赛结出了丰硕的果实，吸引了全国的注意。今年又争得了开门红、首季红，上半年超额完成了国家计划。现在正是第三季决战的时刻，可千万不能败在洪水面前啊！

孟泰打电话到厂部，办公室里没人接，人们都去防洪抢险了。多亏成千上万的干部、工人和人民解放军用胸膛顶住了洪水，迅速恢复了交通。

这个消息安慰了孟泰，但也更使他着急了。面对讨厌的雨季，高炉到底怎么样了？他心里明白，同志们为了叫他安心休养，总是报喜不报忧。他要亲眼看看，才能放下心。正在这时，中央发布了以粮钢为中心的增产节约运动的指示。

孟泰高兴极了，中央就是英明，指示来得正是时候，他有了一百个理由提前出院。他想："医生带上一百张嘴来也休想说服我！"

经过医院悉心的治疗，孟泰的血压下降了，头也不痛了，腿上的浮肿也消了。他觉得自己完全有理由去参加劳动了。于是，他每天尽量多吃一点，当着医生的面装出身体毫无毛病的样子。

孟泰藏起焦灼的心情，装出三岁小孩那样天真无邪的笑容，向医生提出出院的要求。像往常一样，他还向医生保证每隔两天回来检查一次。医生都是他的老熟人，都知道他这一套诀窍，便劝他要巩固疗效，并且说准备安排他到大连去疗养。孟泰大失所望，夜里开始睡不安稳了。

表面上，孟泰静静地躺着，可心里总是万马奔腾。不久，他心火上升，烧得满嘴起泡。医生是了解他的，在这种情况下再留他也没有什么好处，只得同意他出院。

老孟泰又像出了笼的鸟儿，自由自在地展翅飞翔了。

天已放晴，骄阳照着祖国大好河山。

孟泰来到高炉旁，四处巡视。中央的指示在这里已经大见成效，生产一直在稳步上升。只是原料和运输还太紧张，全公司上上下下都在狠抓这两个关键。炼铁厂、炼钢厂、运输部已经订出了联合作战的计划，就要开始攻关大战。这让孟泰放心了。

不久，胜利的好消息让孟泰心里乐开了花，炼铁厂和各兄弟单位已经取得辉煌的成绩。铁罐和渣罐，人们一向认为不能保证正点运输。这是影响钢铁生产的重大因素之一。在工人们的合作之下，这一关被突破了，正点率由前十八天的 42% 提到 82%。孟泰说："这一炮打得响，只要大家拧成一股绳，没有什么能挡得住咱们的。"

这天一早，孟泰满心舒畅地和王崇伦来到南台人民公社。他俩已经帮助公社装备了一个机械厂、一个肥料厂，也帮助他们培养了几十名工人，有钳工、车工、铸铁工、木型工。一些不到 20 岁的孩子，是人民公社第一批技术工人，正准备在农村创造新的历史。

十台各式的机床在嗡嗡地旋转，已经制成十台新型的脱谷机。当全部五十台做成以后，这个公社的脱谷就全部机械化了，就可以腾出人力和畜力去秋耕了。

孟泰小时候生长在农村，对农民有深厚的感情。党一号召工业支援农业，他就成了个急先锋。炼铁厂和机修厂的大工匠，每星期天都有一批来农村帮助农民制作和安装机器，总计将近有六千个劳动日了，都是不要报酬的。想到工农联盟的百年大计，谁还把钱放在心里?

孟泰和王崇伦这次来,目的是和公社研究新的规划。两个全国劳动模范,两个全国人民代表大会代表,和公社干部坐在一铺炕上,围着一个小炕桌,谈着农民关心的重大事情。

排灌的机械化已经基本上完成了,脱谷的机械化眼看就要完成,接下来是逐步实现电气化和耕种机械化。他们要挖掉农村三千年的穷根,孕育共产主义的未来。

当太阳的余晖照在大片高粱地上时,老孟泰和王崇伦已经坐在归途的火车上了。

一切都很满意,轻松的心情让他俩又拉开了话匣子。王崇伦批评老孟泰不运动,他是个运动健儿,有一千个理由证明运动的好处。老孟泰呢,也有一千个论据不同意对方。在他看来,劳动就是最好的运动,他自身就是证据。他说他认识十个老工人,他们劳动了一生,从不运动,现在七十多了,还要继续劳动下去哩。他说他不反对别人运动,但是人人必须劳动。劳动是人生第一需要,能说运动是人生第一需要吗?

在这个问题上,二人的意见永远也不会统一,谁也说服不了谁。

最后,他俩只好一笑了之。

→ 老孟泰和知识分子

★★★★★

1949 年暑假期间，在安徽省阜阳地区文教学习班结业时，班主任给周传典拿来了地区行署为他开具的去东北鞍钢工作的介绍信。

9 月 21 日，周传典到了鞍山。报到后，他被分配到炼铁厂。

新的环境，新的工作，新的生活，样样都使周传典感到新鲜，但在新的工作岗位上，却又有很多东西使他感到陌生。在西北工学院他读的是冶金专业，炼铁、炼钢、炼铜都要学，而且还学习了各种采矿的课程。但那毕竟都是书本知识，教材内容基本都是英美学派的，与眼前实际工作需要有很大差距，甚至很难与生产联系起来。

周传典到高炉车间见习的头一天，看到红色的铁水从600立方米容积的大高炉里喷射出来，竟被吓得不知站到什么地方好了。因为在这之前，他从来没见过高炉，甚至连几十吨的小高炉都没见过。

过了好几天，周传典才敢爬上五层楼高的炉顶上去看一下。见工人师傅们都在各自的工作岗位上熟练自如地操作着，他深深地感到他必须向工人师傅请教，一切从头学起。

从此，周传典和高炉上的工人师傅们交上了朋友。在与工人师傅们的接触中，他恭恭敬敬地认他们做师傅，遇到问题就虚心向他们请教。

事实说明，工人师傅围着炉子转了几十年，操作经验很丰富，高炉设备情况他们都能说得头头是道。看到周传典谦虚好学，工人师傅们便不嫌麻烦地向他介绍他们几十年来的实际经验，使他很快了解和掌握了高炉一般设备的性能和使用方法。他还通过与工人师傅们的谈心与沟通，了解了工厂以前生产过程中曾经发生的一些事故和故障，如7号高炉一开炉就悬料了，长达半个月；5号高炉因为瓦斯没有处理好，引起除尘器爆炸，铁皮飞到了2号高炉，把铁轨都打弯了；3号高炉用汽炮堵铁口，由于汽炮没有烤热，碰着沸腾的铁水立即爆炸，炸死了好几个工人兄弟……

周传典发现，工人师傅们给他讲的这些知识都是书本上找不到的，对于帮助他很快掌握高炉的操作要领，无疑是大有益处的。

上班时，周传典虚心向工人师傅们学习，下班后就拼命读书。两个月不到，他读的技术书籍比在大学四年读的还要多。有关技术方面的资料，哪怕是零碎的、散乱的，他读后都一一地记录下来，并注意在实践中运用，做到理论与实践相结合。

初到鞍钢的时候，周传典被分配在 2 号高炉当见习技术员。他性格温和，待人和气，善于言谈，十几天后就认识了很多人，尤其是高炉上各岗位的人，包括两位留用的日本工程师，但有一个人他还一直没有机会接触。这个人平素穿一身褪了色打了补丁的旧衣服，有 50 多岁年纪，光头，身体不很健壮，但眼睛特别有神。周传典每天都看他手里拿着锤子和管钳围着高炉查看，从炉上到炉下，这里敲敲管道，那里紧紧阀门，每天总有几次，有时夜里也来，风雨无阻。周传典问工长这人是谁，工长说："他是配管班的班长，大家都叫他老孟泰。这个人呀，高炉就是他的命根子，一天不来检查，他都睡不着觉。他可是个好同志啊！"接着，工长就向他讲起了老孟泰的故事：

1948年2月19日鞍山解放。不久，新组建的鞍钢领导班子即着手恢复鞍钢的生产。当时，人员还比较好办，流散到市内和外地的工人和技术人员大都自动回来了，而器材却是一个大难题。大量的机电设备、数不清的管线到哪里去找呢？国内战争还没有结束，不能生产，国外的又进不来，而没有这些最基本的东西拿什么来修复高炉啊？就在领导们急得无计可施而团团转的时候，有一个人站出来了，他就是平时一向沉默寡言的老孟泰。老孟泰请厂长来到配管班的库房，库房里堆满了各种管子，尤其是足够供一座高炉用的全部管子和接头已经准备就绪，随时可以安装使用。另一座高炉的管子也快准备好了。这真是雪中送炭啊！厂长高兴得一蹦老高，倒把一向谦逊的老孟泰弄得不好意思起来。炼铁部主任当即跑到公司汇报。公司领导一听，一下子脑袋开了窍，于是，一个献交器材的群众运动在鞍钢轰轰烈烈地开展起来。没几天，从大白楼到铁路桥洞一里多长的路段上，就摆满了交上来的各种设备、工具和材料。工人们敲锣打鼓，群情振奋，情绪高昂。从此，鞍钢加速了复产的步伐。老孟泰在这场运动中起了模范带头作用，功不可没！

介绍到这里，工长加重语气十分感慨地说："如果没有孟泰这位老同志，我们的高炉恐怕到今天也难恢复生产呢。"

　　老孟泰的感人事迹和工长对他的评价，使周传典深受感动。刚到厂里时，温良贤厂长给他介绍情况时还讲到，鞍钢在解放前有10座高炉,9座大的,1座小的。后经几次浩劫，到1948年鞍山解放时已经破烂不堪，大部分设备被破坏或拆走，只剩下框架炉壳，但2号高炉现在已经投产，1号高炉的修复也即将竣工。那时，周传典心里还在纳闷：在国家经济如此困难、机械工业极其薄弱的条件下，在这样短的时间里居然能有两座高炉恢复生产，简直不可思议！现在，这个谜终于解开了。原来，是老孟泰解决了这个大难题。

　　第二天，正赶上周传典值班，早上还不到7点钟，就见老孟泰拿着手锤和管钳上高炉检查来了。周传典赶忙迎上前去，笑着自我介绍说："孟师傅，您太忙了，我们还不认识。我叫周传典，是从南方安徽来的，现在高炉上实习。"

孟泰亲切地握着他的手，说："欢迎你呀！周技术员。你们来得正好，这炉子现在还是由日本人操作呢！"

周传典说："我才来不久，还是第一次看见高炉，一切都不熟悉，以后还要向你们学习。您就叫我小周吧。"

听周传典这么一说，孟泰脸上现出很惊奇的神色。大概是对技术员竟没见过高炉感到有点意外。他停了一会儿，便耐心地向周传典介绍高炉冷却设备的结构和作用、日常维护应该注意哪些问题。

老孟泰已有几十年的实践经验了，闭着眼睛也能说出各种故障的原因和排除故障的办法，讲起来如数家珍，头头是道。这些都是周传典这个刚出校门的大学生在书本上学不到的。

老孟泰还告诉周传典说，厂子里有两个最有经验的工人，一个叫郎振山，炉前问题可以向他请教；一个叫李凤恩，煤气问题可以向他请教。后来，这两个人都成了周传典工作上的好朋友，从他们身上，周传典确实学到了不少有益的经验和知识。

从这以后，周传典便与老孟泰交上了朋友。老孟泰抽空带着周传典参观了他的"孟泰仓库"。

"孟泰仓库"共有三间大房子，一边堆满了他从已被破坏的 10 座高炉上搜集来的管子和接头，另一边整整齐齐地摆放着按管线系统图精心排列的管线。当时，1 号高炉、2 号高炉已经投产，老孟泰和他的配管班正在为尽快修复 4 号高炉准备配管。

1950 年 10 月，抗美援朝战争打响。鞍山临近前线，敌人的飞机经常飞临上空骚扰，空袭警报日夜不断。鞍钢在日本占领时期被美国飞机炸塌的高炉残骸还在眼前，办公楼后边的 9 号高炉的半腰处至今还有一个被炸开的大洞，足有一丈见方。许多工人对当年美机的轰炸记忆犹新，心有余悸。这一年鞍钢的钢铁生产量约占全国的 80%。因此，鞍钢能否在战火中坚持生产，直接关系到战争的后方支援，关系到刚刚诞生的人民共和国的安危。炼铁厂党委召开了紧急会议，传达了党中央的指示。老孟泰二话没说，当天晚上就把铺盖卷搬进了他的仓库，要与 2 号高炉共存亡。周传典看到，在那些紧张的日日夜夜，孟泰到高炉转得更勤了，一听到空袭警报，他就拿起手锤和管钳直奔高炉，像战士一样守卫在高炉旁边。

在孟泰精神的感召下，许多工人、干部、技术人员也把行李搬进工厂，守护高炉。

开始时，炉上的人听到警报声还跑下去

躲躲，以后就像孟泰那样，和平常一样坚持生产了。

在那段紧张而又困难的日子里，全鞍钢的干部、工人和技术人员同仇敌忾，团结一心，虽然敌机频繁不断地骚扰，但三座高炉的生产不但没有受到影响，而且还不断创造出增产的新纪录。新产出的钢材被源源不断地送往各军工厂，有力地支援了抗美援朝战争和国家的经济建设。

在那段时间里，周传典已担任2号高炉的炉长，并兼任一个班的工长。他同样被老孟泰的精神所感染。因为有许多修理工作要找老孟泰，加上老孟泰的库房就在2号高炉出铁场平台的下边，下了炉台几步就到，所以他们经常见面。

值夜班无事时，周传典总爱到孟泰的仓库去转一转、坐一会儿。两个人熟悉了，便也无话不谈，周传典慢慢地就知道了老孟泰的一些身世，更加深了对他的敬重。

解放前，老孟泰一家人的生活极其困苦，那时他有4个女儿，老伴身体不好，一家老小6口人全靠他一个人微薄的工资过活，饥寒交迫，朝不保夕，有时就靠吃橡子面度日。说到伤心处，老孟泰声泪俱下，令周传典也热泪盈眶。老孟泰又告诉周传典，鞍山解放后，他看到了光明和希望，坚定了永远跟着共产党走的决心。他认为，只有高炉生产搞好了，才有工人阶级的幸福和未来。周传典听了孟泰这些话，心里总是热乎乎的，不知说什么好。

△ 周传典

有一天，周传典关心地对老孟泰说："孟师傅，你跟我们单身汉不一样，家里还有老伴和孩子，也该抽空回去看一下。"

老孟泰回答说："不用，家里有厂里和工会照顾，我什么都不用考虑！"

停了一下，孟泰又靠近周传典，悄悄地说："你，还有几位技术员，都是好人，我向党委反映了，党委说你是我们的人。所以我可以跟你讲，在这样的时候，我一时一刻也不敢离开，敌人的飞机随时都会跑来扔炸弹，没有人守着炉子多危险呀！再者，鞍山刚解放不久，国民党特务、土匪小偷更可能混水摸鱼搞破坏，我们也得随时注意啊！"

老孟泰的话不多，但很有份量，像一股热流温暖着周传典的心。

周传典为老孟泰的崇高精神所鼓舞，更为自己能够得到他的信任而高兴。从此，他们的友谊更加深了一层。

直到晚年，每当周传典与人们谈起老孟泰的时候，总会饱含深情地说："从那以后，任何时候，只要一想起老孟泰那句'你是我们的人'，我就会增添力量，这句话我将永世难忘！"

1950年，老孟泰出席了全国工农兵劳模大会，1951年被评为鞍山市劳动模范，以后又被冶金部任命为鞍钢炼铁厂副厂长。周传典与他前后共事有十多年时间，后一段时间又同住"模范楼"，成了邻居，更是朝夕相处，来往不断，成了亲密无间的朋友。老孟泰虽然名满天下，但本色依旧，使周传典更加敬佩。

周传典在1992年写了一篇题为《怀念老孟泰》的文章，其中写道：

"那个时候，他虽已是名满天下，但却从未改变一个普通工人的本色。六十几岁的人，还有高血压病，但他仍然保持着和工人一道步行上下班的老习惯，按规定他是可以要小车上下班的。在我们这个社会里，英雄模范人物辈出，他们都有许多先进思想和模范事迹，但是真正做到像他那样纯真，没有一丝半点的杂念，达到他那样的思想高度，一心一意扑在事业上，在我所接触的众多人中，还不多见。他的思想和作风影响了他周围的人。他领导过的管配班，至今还是一个过得硬的集体。我在鞍钢炼铁厂时，管过一段高炉的中修和大修，每次都是这个班的二十几个人把高炉的管配工程包下来，同时还要做好全厂高炉群的生产维修工作。在我的印象里，从来没听到他们提出过什么困难，也没听到过提过工资、奖励之类的要求。

"1958年我被调到武钢，1964年又随王鹤寿同志重返鞍钢工作。经过三年'大跃进'，鞍钢元气还未恢复，高炉失修情况严重，事故不断发生，生产指标不好。六年不见，孟泰同志显得苍老了许多。我能理解他，在那些人在生产上胡闹的日子里，他的心情不会安宁。这时他的双手已经颤抖得很厉害，拿一件东西，抖起来会掉在地上。他不顾我的劝阻，带我看了10座高炉，一一指点设备损坏的情况，到了7号高炉，炉缸四周的每一个水管、内壁都结了厚厚的积垢，只剩下中间的小孔，冷却水缓缓地流着。孟泰同志痛心地说：'大修欠账太多了！再不修说不上哪天就会出爆炸事故。'我请他和刘真把今天看到的情况整理成一份材料，当晚送给王鹤寿同志。公司迅速下达了检修高炉的决定，但一个一个按部就班地修已来不及了。冶金部从武汉调来一冶的队伍修9号高炉，公司修建部修7号高炉，齐头并进。这一来孟泰仿佛一下子年轻了10岁，心头的忧虑一扫而光，连手颤都大大减轻了。他率领配管班，投入一个又一个的战斗。大家都说："老英雄不减当年！"

"1965年鞍钢经过大力整顿，生产逐步好起来。1966年炼铁厂全厂平均利用系数达到1.869，钢铁生产创造了鞍钢历史上的最高纪录。那些日子里，老英雄整日乐呵呵的，说不出有多么高兴。他跟我说，他还有许多想法，准备大干一番。大家也都说，他还可以干上十年。但是，正在这个时候，'文化大革命'开始了。

"1966年末，动乱波及到鞍钢。直接领导鞍钢这两年工作的王鹤寿同志被拉下来，到处批斗。鞍钢生产一蹶不振。老英雄气得目瞪口呆，怎么也想不通。他亲自赶到北京，要向周总理反映情况，而当时的北京和全国一样，也处在混乱之中。孟泰这位对社会主义忠心耿耿，对党无限崇敬、无限信任的老人，哪里经得起这样沉重的打击！当时的一些现象，不要说一个老工人，就是我们的广大干部也不能理解呀！就在李富春副总理接见鞍钢代表时，老人突然发病，住进医院，从此一病不起。

9 月 30 日，孟泰于北京医科大学附属医院病逝，终年 69 岁。

"孟泰同志那次到北京时，我已被关进牛棚，虽然知道他来，却不能去看他。听说他去世时，竟被当作有问题的人，草草办了丧事。当时，我被剥夺了向遗体告别的权利，因此也未能最后看他一眼。粉碎'四人帮'后，当举行他骨灰安葬时，我也因在国外未能参加。只是后来一年，孟大娘领着女儿来京扫墓时，王崇伦同志和我陪同她们到八宝山，瞻拜了他的亡灵。回忆我们共事的情景，作为深受他影响的人，我默念着他一生的英雄业绩。

"平凡之中见伟大。孟泰是一个平凡的人，也是一个伟大的人，他的一生永远值得我们学习。他堪称工人阶级的楷模！"

遵循孟泰的教导，周传典后来升任中华人民共和国冶金部副部长，为国家钢铁事业做出了巨大的贡献。

老孟泰和周总理

★★★★★

1959 年 9 月，在北京召开了全国工业、交通运输、基本建设、财贸方面社会主义建设先进集体和先进生产者代表大会，也称全国群英会。

在这次大会上，会议代表共 6577 人。中共中央、国务院授予"全国先进集体"称号 2565 个，授予"全国先进生产者"称号 3267 人。

群英会上，当其他摄影记者都已完成拍摄任务回去休息时，摄影家吕相友虽然也已经拍下了不少领导人与劳模们合影的镜头，但他仍觉得有些欠缺。他索性放弃

△ 1959年，周恩来总理在北京宴请著名劳模鞍钢代表孟泰

了吃饭的念头，饥肠辘辘地继续在宴会厅里寻找更有新意的瞬间。

这时的吕相友对摄影已经有了自己的想法，他不再满足于拍摄仅能反映政治意义的照片，而是开始在照片的艺术性和新颖性上下功夫，寻找能够更好地反映出照片主题的角度。

他的苦心没有白费，他终于拍下了一幅感人的场景。

镜头里的两位主人公分别是时任新中国

总理的周恩来和一位普通的鞍钢工人。

这位鞍钢工人就是老孟泰，他 1949 年 8 月加入中国共产党，是鞍山解放后第一批发展的产业工人党员之一，也是新中国第一代全国劳动模范。

新中国建立后，劳模评选制度得到了全面的推广和完善。评先进、宣传先进、用先进人物的榜样作用激励群众，成为新中国推动国家建设和社会风气转变的有力手段；而全民学先进、赶超先进、争当先进，又使得社会主义制度下的中国成为涌现大批英雄人物的丰厚土壤。

孟泰就是这样一个英雄人物。1948 年 11 月，东北解放重建。孟泰积极响应国家"发展生产、建设新中国"的号召，不畏艰难，带动全厂工人，不分白天黑夜地从废墟中拣回了一根根铁丝、一颗颗螺丝钉。他们在短短的数月内，回收了上千种材料，捡回上万个零配件，形成了闻名全国的"孟泰仓库"，为恢复生产起到了重要作用。抗美援朝战争期间，他主动当了护厂队员，为保护高炉，他把行李扛到高炉旁，冒着遭空袭的危险，随时准备用身体护卫高炉。他还刻苦研究出多项技术革新和发明，为国家节约了大量能源，被人们亲切地称作"老英雄"。

人民爱英雄，周总理更爱英雄。周总理和孟泰坐在一起，正在亲切地交谈，还有什么能比这幅场景更好地表达出领导人与普通劳动者平起平坐、融洽相处的关系呢？于是，吕相友立即扣动了相机的快门。

在吕相友拍摄这张照片 46 年之后，2005 年清明前夕，北京记者来到鞍山重访英模，在孟泰的大女儿孟庆珍家中，最先映入他们眼帘的就是这张周总理和孟泰共进晚餐的照片。

这张照片被挂在最显眼的地方，记载着曾经的荣耀，已成为孟家人永远的记忆。

➔ 老孟泰和女儿

★★★★★

老英雄孟泰的大女儿孟庆珍生于 1935 年，1990 年从鞍钢机关退休。

孟庆珍说，她外孙子、外孙女分别在加拿大、英国留学，她对两个孩子的品质、能力都有信心。现在，孟庆珍每星期游泳两次，还和老伴一起在自家小院里栽树种花。孟庆珍说自己能有这样的舒心日子，父亲的教诲起了很重要的作用。几十年来，英雄父亲的音容笑貌一直在眼前，父亲留下的宝贵精神时刻都在影响着她。

孟庆珍说，父亲爱炉如命，爱厂如家。在修复高炉的那些日子里，他经常不回家，在最先开工的三座高炉点火的前前后后，他干脆住进炼铁厂，手拎大管钳，没白天没黑夜地干。

组织上为孟泰安排了新居，性格坚毅的妻子知道丈夫一门心思在高炉上，顾不得自己预产期将至，便找孩子的舅舅帮忙把家搬了。

当时，15岁的孟庆珍和妹妹庆兰、庆梅，既怕爸爸找不到新家，也实在是想念爸爸，就悄悄地站到工人下班的道口上等爸爸。

在等待和期盼中，只见下班往厂外走的人越来越少。暮色降临，远处的厂区灯火越来越多，高炉红光闪耀。孟庆珍和两个妹妹只好往回走，她们说："爸爸太爱那个大高炉了。"

搬新家不久，孟泰的五女儿出生了。孩子出生三天后，孟泰接到了邻居捎来的口信，下班后急急忙忙往家赶。因家里搬迁，他找不到新居的门，只好到邻居那儿去打听。

回到家一推门，四个女儿高兴地扑了上来："爸爸，你怎么才回家啊，我们都想死你啦！"

孟泰说："好孩子，爸爸更想你们啊。"

孟泰看着孩子们时那慈爱的眼神，永远地刻在了她们的心里。

孟泰一家的家风是极严的。孟庆珍说："爸爸是非常疼爱我们的，但他对我们的要求都很严格。"

孟泰经常穿蓝布衣服，洗得发白，但很整洁，他常说："笑破不笑补。"

在农历新年，有的人家玩牌打麻将带输赢的，孟泰从来不参加，几个孩子更是连看都不许看。孟泰有五个女儿，他要求她们站有站相，吃有吃相，特别强调的是不能浪费。

孟家姐妹都知道吃红薯的故事。孟庆珍记得她小时候，一斤粮食可以换几斤红薯，有的时候小孩子嫌红薯皮苦，吃的时候就把红薯皮剥了不要。孟泰看到了，便讲起了往事，说他小时候，总要走上四十里的路去集市上卖织了七天的苇席。大冷天，他穿着空心的棉袄棉裤，寒风吹来，身上疼得像刀割。四十里路大部分都是倒退着走的。他一边走一边盼着能在集上把席子全卖掉，这样爷爷就会给他买一个红薯吃。

那时，红薯真香啊，红薯给童年孟泰的印象太深了，以至于每当他看到谁碗里的食物没有吃尽时就提起这件事。

作为人民代表的孟泰，除了做好厂里的本职工作外，还要做许多社会工作。那时，即使是在家里，也常常有人来反映情况、寻求帮助，甚至喊冤告状……孟泰总是热情接待，认真倾听，只要力所能及，他总是有求必应。

在孟庆珍的记忆里，甚至过年过节，也会有人来找作为人民代表的父亲。平时工作忙得废寝忘食，过节本来指望一家人能够热热闹闹地吃顿团圆饭，不料总有人来找，一家人也只好等着。

孟庆珍说："要说家里人心里没想法，也不现实，但过后爸爸总是语重心长地对我们说：孩子，你知道人家下决心登你家门时心里已经掂量了多少回啊？要不是不这么做不行，人家会走这一步吗？咱们要体谅人家，可不能冷了人家的心啊。"父亲就是这样一个设身处地为别人着想的人。

孟庆珍说，父亲是个处事低调的人，不愿声张任何业绩。在他的积极努力下，立山"老宅区"质量问题得到了妥善的解决，一度条件十分艰苦的高炉地下司机室劳动环境明显地改善了。这类牵动许多人工作、生活的实事、好事都被他看成是理所当然的该办之事。

孟庆珍说，有一次，鞍山市里来了一位同志，一进门就给我父亲跪下了，流着泪向我父亲道谢。我父亲赶忙扶起他来，听他们的对话，原来是父亲曾帮这位同志伸了冤。

→ 老孟泰和名人

★★★★★

因为孟泰是全国著名劳动模范，也是人大代表，所以很多艺术家、劳动模范、战斗英雄都与他相识。这些名人每到鞍山慰问演出或路过鞍山时，都要看看孟泰。作家丁玲来过，著名演员赵丹、白杨、韩少云、傅全香来过，战斗英雄郅顺义也来过。

△ 孟泰（右一）与白杨（左二）、杨沫（右二）一起合影

　　白杨和孟泰都是人大代表，他们是通过在北京开会认识的。白杨一共来孟泰家两次，第一次是 60 年代，刚拍完电影路过鞍山，就来看孟泰和王崇伦了。

　　白杨性格开朗，很容易相处，没有架子，孟泰的五个女儿都管她叫姑姑。她很热心，来时还给孩子们带来小礼物，像手帕啦、一按开关钱就跳出来的小储钱罐啦，对孩子们特别好。

白杨很实在，心也很细，一次和孟泰全家去照相馆合影留念，回来时门上的锁怎么也打不开了。白杨回上海后不久，孟家就收到了她寄来的一样东西，是个木板钉成的小木盒，里头放着一把上好的铜锁。孟家看了都很感动，没想到这点小事白杨心里还记着。那把铜锁特别灵巧，孟家用了好多年。后来铜锁坏了，孟家没舍得扔掉，一直保存着。孟泰教育孩子说："这是白杨给的，是很珍贵的礼物。我们要学习白杨，在小事上也要关心别人。"孩子们听了，都说："爸爸就是这样的人。"

一天上午九点多钟，正好是星期日，董存瑞的生前战友郅顺义来了，全家兴奋不已。郅顺义称孟泰为老大哥，孩子们则亲热地叫他叔叔。郅顺义说话声音温和，特别朴实。那时，他已经是部队领导了，但没有一点领导的架子。他和孟泰谈家庭，谈工作，两个人可亲了。

郅顺义给孟泰讲了董存瑞的英雄事迹：那时，见前面战友被敌人扫射，一排排倒下，心里根本不知道害怕，就剩下气愤了，想的就是怎么能把碉堡炸掉。

讲到董存瑞牺牲时，郅顺义眼泪在眼眶里直打转。他说："有多少战士都牺牲在战场上了，我们的今天是他们用鲜血换来的。"

孟泰听了很受感动，也很受教育。后来，他总是提起这件事，他说："在旧社会，我是一个被人瞧不起的穷工人，现在当家做了主人，领导又这么看重我，给我这么大的荣誉，我就是怎么干也报答不了党的恩情。要是想报答，只能豁出命来干，要是需要的话，我就像董存瑞那样，抱一个炸药筒子冲上去把敌人的碉堡炸掉！"

中午，郅顺义在孟家吃饭，做饭时他一个劲儿地说："老大嫂，随随便便做点啥就行。"

△ 1950年，郅顺义出席全国战斗英雄模范代表会议

孟大嫂那天真是做了不少，满满一桌子，孟泰和郅顺义还喝了点酒，很高兴。吃完饭，孟泰全家和他拍了合影留念。下午，孟泰陪他参观了鞍钢。

1948 年 5 月 25 日，在隆化战斗中，董存瑞舍身炸掉敌人的暗堡，献出了年轻的生命。战斗前夕，董存瑞当上了"爆破元帅"，团长点了郅顺义为"突击大将"。

孟泰常对人说："郅顺义是解放战争中的'突击大将'，我们也要做社会主义建设中的'突击大将'。"

→ 老孟泰和摄影记者

★★★★★

王进喜，1923 年 10 月 8 日出生于甘肃省玉门县赤金堡一个贫苦农民家庭。1950 年春，他成为中华人民共和国第一代钻井工人，先后任司钻、队长等职，1956 年 4 月加入中国共产党。1959 年 9 月，王进喜被评为中华人民共和国全国劳动模范。

1960 年 3 月，王进喜率队从玉门到大庆，组织职工用"人拉肩扛"的方法搬运和安装钻机，用"盆端桶提"的办法运水保开钻。他跳进泥浆池，用身体搅拌泥浆压井喷，被称为"铁人"。同年 4 月 11 日、4 月 29 日，会战指挥部先后两次号召全体会战职工向铁人王进喜学习。

王进喜比老孟泰小二十五岁，两位劳模在北京开会时相识了。他们互相学习，互相激励，成了至交。后来，王进喜又结识了王崇伦，王崇伦比王进喜小四岁，王进喜亲切地称他"小老弟"。他们三个全国劳模曾有一张合影，弥足珍贵，深受人们喜爱。这张合影是怎么拍下的呢？

张洪涛于 1964 年至 1974 年间先后担任《鞍钢日报》《鞍山日报》摄影记者，十年间多次采访孟泰，为老英雄拍照五十余次。几十年来，张洪涛首次接受鞍山媒体采访，畅谈他眼中"很淳朴，很慈祥"的老英雄孟泰。

1964 年 4 月，"全国冶金工业战线的一面红旗"——河北省宣化钢铁公司龙烟铁矿马万水工程队代表团到鞍钢访问。其间，孟泰曾接见代表团团长。那时，刚 22 岁的张洪涛接到采访任务后，心里激动万分。他刚刚加入新闻队伍不久，这又无疑是一次重大题材的采访。尤为重要的是，这是年轻的张洪涛第一次有机会近距离接触"一直很景仰"的偶像、大名鼎鼎的老英雄孟泰。

张洪涛说："跟我想像中一样，老英雄平易近人、慈祥。"就像镜头中无数次记录的那样，孟泰淳朴亲切的笑脸，永远定格在张洪涛的记忆中。第一次采访老英雄，张洪涛内心最强烈的想法是："报道他必须得报道好，不然对不起他。"孟泰在他的岗位上敬业，新闻记者难道不该在自己的阵地上也学习他的敬业精神吗？

采访地点是鞍山胜利宾馆一楼会客厅，晚上 6 点多，老英雄孟泰与马万水工程队代表成员见面了。张洪涛感触最深的是弥漫其间的"工人阶级的爽朗"。

工程队的队员们对孟泰说："您的精神感动了我们。"

孟泰说："你们很不简单啊，在井下作业，

你们吃的苦比我多!"

会谈一直进行了两个多小时。晚上8点,窗外夜色已浓,室内的劳模们互相鼓励、加油,气氛热烈。张洪涛按下快门,定格下一幅令人感动的画面。

第一次采访过后,张洪涛因工作关系常与孟泰接触,两人渐渐熟了。巧的是,张洪涛家与孟泰家住得很近,于是在工作之外,又多了一份远亲不如近邻的亲切感。张洪涛的年龄与孟泰子女相仿,老孟泰常常像对待自己孩子一样地拍拍张洪涛的肩:"咋又瘦了? 累了吧?"接着又说:"注点儿意,别太累了!"

张洪涛说,这是孟泰最常对他说的两句话。

最让张洪涛印象深刻的一次拍照,是在1965年的国庆。照片的主角是王进喜、孟泰、王崇伦三位劳模。这难得的瞬间是这样产生的:

这一年,王进喜正在鞍山汤岗子疗养院疗养。时逢国庆16周年,"铁人"王进喜于是成为鞍山市国庆大会的受邀嘉宾。大会马上就要开始,三位劳模不期而遇,互相问候、交谈。孟泰、王崇伦两位,对于张洪涛来说早已非常熟悉了,而王进喜的面容,张洪涛也在报纸上常见到,因此马上就认了出来。

张洪涛想:机会太难得了。大会马上就要开始,这三位英雄聚在一块儿可能就是一瞬间的事了。但三人站的地方对于摄影来说不够理想,太黑了,在雨搭深处,只有一点散射光。张

△ 孟泰和铁人王进喜（左）交谈

洪涛无暇顾及这一切了，他来不及上闪光灯，凭经验使用 5.6 光圈，1/8 秒，手中的相机快门一按，历史性的一刻定格成永恒画面。

当时，张洪涛距离三位劳模只有不到两米远。刚按下快门，主席台上即宣布大会开始。张洪涛依稀听到身后刚才来不及反应的人，开始懊悔没在那一秒举起相机。

在这张三人合影的画面上，王进喜摩掌手掌，王崇伦、孟泰两位眼神关切。三位劳模表情欣悦。照片名为"畅谈大好形势"。

事后，张洪涛回忆说，画面上，两位主

人关心王进喜身体恢复情况，王进喜的风湿经过一阵子的疗养好了许多，正张开手指给老孟泰和王崇伦看。

张洪涛说："'大好形势'是双重含义，既指劳模的身体情况，也寓意国家工业战线的大好形势。"

→ 老孟泰和作家

★★★★★

孟泰的事迹传播开之后，很多人都来采访他，著名电影剧本作家于敏曾写了《老孟泰的故事》一书，著名诗人郭小川曾发表叙事诗《追踪着老孟泰的脚步》，画家路坦创作了石版画组画《孟泰》。艺术家们用生动的笔触讴歌了孟泰这位可亲可敬的劳动英雄。

《老孟泰的故事》于 1960 年 1 月出版，作者于敏1914 年出生在山东潍坊，生长于烟台。曾在烟台海外贸易专科学校学习。1931 年中断学业，赴沪谋生。1936 年返烟台教书，1938 年赴延安，同年加入中国共产党。在陕北公学学习一年，后在《新中华报》任记者、编辑，在鲁艺戏剧系任教员，并在鲁艺实验剧团从事研究。1946 年到山东大学任教。1947 年冬调东北电影制片厂任编剧，开始文学创作。1949 年春完成电影剧本《赵一曼》，有很大影响。1953 年后落户鞍钢二十余年，写下了一系列反映工业战线社会主义建设的作品，其中有报告文学《老孟泰的故事》。1978 年调任中国电影家协会任书记处书记和《电影艺术》主编。

　　《老孟泰的故事》忠实地记载了 1960 年以前的孟泰，没有渲染，没有夸张，循着孟泰的生活道路一步步写来，将孟泰的形象勾勒得栩栩如生。

　　解放后，孟泰"跟着共产党走，棒打不回头"，走上了一条坚定的信仰之路。这段写得特别感人，让无数青年深受教育，对于培养革命接班人和鼓舞人们努力建设社会主义大有裨益。

　　于敏回忆说，我第一次见到孟泰是在 1950 年。那是全国第一次战斗英雄和劳动模范代表大会，会址是在中南海的怀仁堂。代表发言的时候，台上出现一个老工人，他注视全场，激动万分，满腔的热情和语言堵塞在胸口，竟一句也吐不出来了。全场静静地等着他，他最后热泪盈眶，高喊了一声"毛主席万岁！"全场报以雷鸣般的掌声。

我第一次和老孟泰握手相识，则是在 1952 年。那时他因为患病，在工人业余休养所休息。此后不久，我到了他刚刚迁入的新居。新房是潮湿的，正在用木柴烤干，弄得满屋子烟雾弥漫。当时他给我的印象是一脸的欢乐。他对于什么都是那么满意，对生活和工作，对受到的待遇和关心，对工人社会地位的提高，无一不是衷心的满意。为高炉的修复，他已经做出了突出的贡献，可是总觉得自己得到的太多了。"我不配啊！"这是他一生经常使用的口头语。

我是孟泰家中的常客，和他促膝谈心是极大的愉快。他的心和鞍钢的事业，和祖国的建设事业息息相关。他平常总是和蔼可亲，满面笑容，但有时也大动肝火。他动火不是为了私事，大都是为了某人的失职，或高炉大修的计划不周，或某人对于工人切身利益的不关心，或某种因循守旧、拖拉敷衍的作风等等。

孟泰家里常常是客满的，有工人、干部、记者、作家、演员、画家、音乐家等等。他真诚待人，人们也真诚地喜爱这位著名的劳动模范。

孟泰品格的最大特点是爱惜国家的一草一木。我的眼前时时出现他的形象，每天上下班沿着运输线路走来，把落在铁路两侧的一块一块焦炭拾起来，日积月累，成了一座小山丘。这只是成千成百的事例中的小小的一个。爱物即爱劳动，即爱人。

试想，大而至于高耸的炼铁炉、延伸千万里的铁轨，小而至于一条线、一颗钉、一粒米，哪一样不是劳动成果？口称爱劳动人民，却不珍惜他们的劳动结晶，这种人若不是空谈家，就是骗子。

《追踪老孟泰的脚步》是一首长诗，作者郭小川 1919 年 9 月 2 日出生于河北省丰宁县风山镇（原属热河省）的一个知识分子家庭。父母亲都知书达礼，父亲郭觉生，前后教了四十多年书；母亲李有芳，当过几年县立女子小学校长。他 3 岁起识字，5 岁读《诗经》，还会背诵许多儿歌，8 岁就学着写对联。在小学念书时，郭小川已经明显表现出对文学的兴趣。他喜欢背诗，尤其喜欢《木兰诗》，经常吟诵出其中的诗句："万里赴戎机，关山度若飞，朔气传金柝，寒光照铁衣……。"幼年从父母那里受到的良好的文学熏陶，为郭小川以后成长为一名革命诗人奠定了坚实的基础。参加革命后，曾担任大将王震的贴身秘书，因发表的诗歌作品风行全国，多次受到毛主席的赞扬。

1961 年 2 月，郭小川被安排到辽宁钢铁和煤炭生产基地的鞍山、抚顺参观访问，搜集素材进行创作。东北发生的巨大变化使他十分激动。他热情饱满，劲头十足，决心把中国工人阶级克服困难的冲天干劲写出来，既是歌颂他们，也是鼓舞全国人民。为了创作，他不顾劳累，甚至放弃了春节回家休假，和钢铁工人生活在一起，和他们同战斗，共欢乐。经过长期积累，他创作出《追踪老孟泰的脚步》等反映钢铁工人生活的诗篇。下面的一段诗是郭小川寻访老孟泰的动人过程：

在一望无际的田垄的深处，

颠簸而行的车子戛然停住。

"同志，炼铁厂农场有多远？"

"老英雄的农场嘛，八里路。"

也许是会见英雄的心过急，

也许是关东自古地广人稀，

我们已经在车子里颠簸半晌了，

还寻不见老孟泰的足迹。

我们五个人在车中纷纷讨论，

有人说老孟泰真是能屈能伸，

他一辈子都生活在喧闹的工厂，

今天竟安居在这样偏僻的乡村。

有人说他年纪已六十挂零，

近年来又患高血压病。

△ 郭小川

能在这里休息休息也好啊，

他的健康实在是大家的欣幸。

关外的八里比十里还远，

看见村庄老到不了它的身边。

有人说这农场也和孟泰一样，

听见它的名声却见不了面。

在一座小山旁的岔路口外，

来一背书包的小女孩。

我们停下车子，向她问路，

她说："连老英雄都找不到，真怪！"

她毫不留情地笑话我们的无用，

却用小手指了指小山以东：

"老英雄还到我们社里来过呢，

现在他跟工人叔叔正在那边劳动。"

车子又飞也似的向那里奔跑，

老英雄啊，这回总该把你找到。

老远就望见那活跃的一群，

走近些更看清那翻飞的锹镐。

有个戴皮帽的向我们走来，

我们想：这位或许就是孟泰。

他却喊道："走上面那条路，

汽车可别往我们地里开！"

这哪里是孟泰老人的声音！

敏捷的动作表明他是青年人。

我们的车子一直开到他的身边，

他瞪着眼睛直劲儿对着我们出神。

我们说："我们要会孟厂长。"

他的眼睛忽又发出和善的光：

"他刚才还在这里做生产计划呢，

现在又搭小火车回了农场。"

"我们只有这么一群羊。"

他进羊栏就抱起小羊一双。

"这个羊倌是个好同志，

他把羊放得又白又胖。"

有位同志忽然郑重宣布：

"去看看我们的那些猪，

是孟泰同志亲自喂大的。"

说着，他就走到前头去领路。

我们不住地向人群里寻觅，

哪里有什么老孟泰的影子！

这一批奋力劳动着的工人，

却为这空旷的田野带来了生气。

车子转回头向来路奔驰，

刹那间又在农场门口停止。

我们啪的一声推开屋门，

屋内空空，老英雄依然没有踪迹。

一位工人跟着我们进来了，

他说：场长出去时曾让他转告，

孟厂长的客人请到前院去，

他们正在查看牛羊和菜窖。

我们又回过头到了前院，

老英雄的巨影在阳光中出现。

啊，我们追踪了你几个小时，

到底亲自见到了你的容颜。

孟泰客气地跟我们打招呼，

又迈开他那并不利落的脚步，

"看看我们这个小农场吧，

去年建立的，还没有基础。"

"这是我们的两头奶牛。"

他一边介绍着一边笑着走。

"那个小的可混账啦，

那些天差点顶坏个小朋友。"

这时候，我不能不提出一个问题：

"是不是你在这里休息？"

孟泰干脆地回答道："是呀，

你看这里有多新鲜的空气。"

我使劲沁了沁这里的空气，

这空气并不芳香却很欢愉，

只要闻闻这里生活的甜味，

你就会感到春天已在此地定居！

……

路坦于 1934 年生于吉林公主岭，擅长版画。1952 年毕业于东北鲁迅文艺学院美术部。留校任创作室干部。后在该校任教，曾任版画系主任。作品有石版画《孟泰》，将孟泰刻画得栩栩如生。

这是一位慈祥的老爷爷，他把一生都献给了祖国，献给了人民。

路坦回忆说，我和老英雄孟泰的最初相识是在 1951 年的秋天，那时我是即将毕业的东北鲁艺美术部学员。学院派我和几个同学

△ 版画《孟泰》

到鞍钢帮助布置一个介绍鞍钢英雄事迹和建设成就的展览会，分配给我的任务是画一部反映老英雄孟奉事迹的连环画，这使我有机会结识了一生中对我发生重要影响的老英雄。

他那饱经风霜、坚毅而慈祥的面孔，坚韧而刚强的性格，淳朴、诚恳、平易近人的作风，这真是完美的工人形象。他那平凡而伟大的事迹感动了我、教育了我。我是第一次来鞍钢，为了熟悉和了解环境，老英雄领着我穿过纵横交错的厂内铁路，爬上铁花四溅的高炉，围绕着铁厂转了半天，他一边走一边讲，把我带入了一个全新的神奇的世界，又兴奋又害怕。因为任务急、时间短，任务一完我们就回哈尔滨了，虽然这次只有短短的几次接触，但我深深地爱上了这位老人，我暗下决心一定要再来鞍钢，再见这位老英雄。

1953和1954年我有较长的时间在鞍钢体验生活，住在离"模范楼"不远的招待所里，我成了老英雄家的常客，成了这个家庭中的一个特殊成员。这段日子的相处，使我和老英雄一家结下了终身的情谊。

接触一多，日子一长，老英雄就不再把我当成客人了，严肃的表情已被温和的微笑所替代，完全把我看成他所一贯喜爱的普通青年了。

老英雄是一位十分开朗、豁达、健谈的人，有自己特有的幽默和风趣，我经常听他讲述他那穷困的童年、辛酸的徒工生活、与日本工头的巧妙斗争。他的故事总是扣人心弦，生动感人，你的心潮总会随着他的思路起伏，时而使你会心地笑，时而使你不平地愤怒。赶上他兴致好时，会一直谈到深夜。每当在这个时候，大娘就要送上一份夜餐，让这"爷俩"更愉快地畅谈。

老英雄是一位内心世界十分丰富的人，他意志刚强可又很重感情，但从不轻易外露，深沉内向。有时我随同老英雄到厂里、到俱乐部、到食堂，看到他对同龄人、对青年工人、对知识分子、对外国专家、对各种不同人和各种不同的事，他都有着不同的表达他的意见和感情的方式，总是使人感到严厉、认真、亲切、体谅。

老英雄在街上遇到红领巾，走到幼儿园看见孩子们，他的眼睛就会立刻明亮、发光，就会自然地流露出他寄希望于未来的心境。

我时常随同他参加一些社会活动，对于社会上各行各业的人，他都是以诚相待，亲切热情；他们都能从他身上受到感染，得到鼓舞，取得力量。

老人的内心也并不永远是宁静的，我常

常发现当家里没有客人的时候，他愿意一个人独自思索，有时焦虑，有时兴奋，他为明天操劳着……

孟大娘是位朴素善良、和蔼亲切的母亲，从来就没把我当外人，像对自己孩子一样地对待我。我的年龄和她们的大女儿庆珍相仿，我成了这个家的"大哥"，我和五个妹妹相互以兄妹相称，我们有更多的共同爱好和语言，我们互相学习互相帮助。这个家庭充满着幸福、欢乐、和谐、亲切的气氛，我生活在他们之间感到无比充实和无限温暖。

作为一个开始走向生活的文艺新兵，能处在我这样一个特殊地位观察、体验、认识、理解这位德高望重的老英雄，和这个工人阶级的家庭生活是幸运的、难得的。

我作为一个青年人能直接受到老英雄和孟大娘他们高尚人格、道德情操、宽以待人、严于律己、广阔胸怀的熏陶和教诲是幸福的。

我的长大成人，是和他们各方面无微不至的关怀、爱护、教育分不开的。

年复一年，我真的成了这个家庭中情如骨肉、亲如手足的一员了。差不多每年我都要到鞍山去，我和我这个家在精神上、感情上联结在一起，经历了国家的顺利与坎坷，共同度过了三十余年。

→ 生前殊荣

★★★★★

　　1948年2月19日，鞍山解放。不久东北行政委员会辽东办事处鞍山钢铁厂成立，郝希英任厂长。

　　同年7月，孟泰带领全家6口人离开鞍山，随辽东财经办转移到普兰店，参加了工人训练班。

　　同年8月，由于盘踞在沈阳的国民党军尚未被最后消灭，形势动荡不安，孟泰听从组织安排，带领全家人到了吉林省通化，协助通化炼铁厂修复两座小高炉。为此，孟泰受到了炼铁厂领导的表彰，他的妻子乔世英也因义务协助厂里做工而得到一张奖状。

同年底，辽沈战役胜利结束，孟泰回到了鞍山，并回到了炼铁厂修理厂担任配管组副组长。他不顾刮风下雪，跑遍厂区，并动员本组十几个工友战冰雪，斗严寒，搜集废旧材料和零备件。在短短几个月内，他们搜集了千种材料，上万种零备件，堆满了整整两间屋子，这两间屋子就是后来誉满全国的"孟泰仓库"。

1949 年春，2 号高炉开始修复，"孟泰仓库"起到了极大的作用。整座高炉的配管材料几乎全是孟泰及其伙伴捡来的，共有 300 余件。

同年 5 月，孟泰先进事迹初次被有关负责人肯定，并受到表彰。

同年 6 月 27 日，鞍山钢铁公司成立后的第一座高炉——炼铁厂 2 号高炉开工生产，孟泰及其伙伴做出了重大贡献。

同年 7 月 9 日，在庆祝鞍钢开工典礼大会上，中共鞍山市委、鞍山职工总会和鞍山钢铁公司命名孟泰为一等功臣。

同年 8 月 1 日，孟泰光荣地加入中国共产党，成为解放后第一批工人党员。

同年 8 月 15 日，在鞍山市纪念"八·一五"光复四周年暨鞍钢立功竞赛运动庆功大会上，孟泰又获得了特等功臣的光荣称号。

同年 9 月 7 日，鞍钢炼铁厂 1 号高炉修复投产，其配管材料亦为孟泰及伙伴们捡来的。孟泰的事迹开始见报即鞍山市《工人生活报》。

同年 10 月份，鞍钢党组织公开。孟泰转为正式党员并担任配管组组长兼工人技术员。他先后为瓦斯贮藏器装上了防尘罩，为检修高炉的架工师傅设计并制作了卷扬机。

同年底，鞍钢第一次评工资，论贡献，工人和厂领导一致评孟泰一等工资，然而，孟泰坚决不拿一等，把一等工资推让给别人，自己拿了二等工资。

1950 年 8 月 23 日，在鞍山市第一次劳动模范大会上，孟泰与郭英忱、孙照森、张文翰、杨明远等被推选出席全国工农兵英模代表会议代表。

同年 9 月 25 日，孟泰作为全国工农兵英模代表会议主席团成员，在北京中南海怀仁堂受到毛泽东等党和国家领导人的亲切接见。

1952 年 8 月 2 日，鞍山市召开第四届劳动模范代表大会，孟泰同志被命名为特等劳动模范。孟泰精神从这时起已成为鞍钢工人阶级的精神。

同年 10 月，孟泰与鞍钢的另一名市特等劳动模范张明山一起参加了北京天安门前的国庆观礼。

同年 10 月，鞍钢开始大规模的基本建设，孟泰担任炼铁厂修理厂厂长。

1956 年春，孟泰作为中国人民赴朝慰问团的成员，慰问保家卫国的最可爱的人——志愿军指战员。在桧仓郡，孟泰满怀

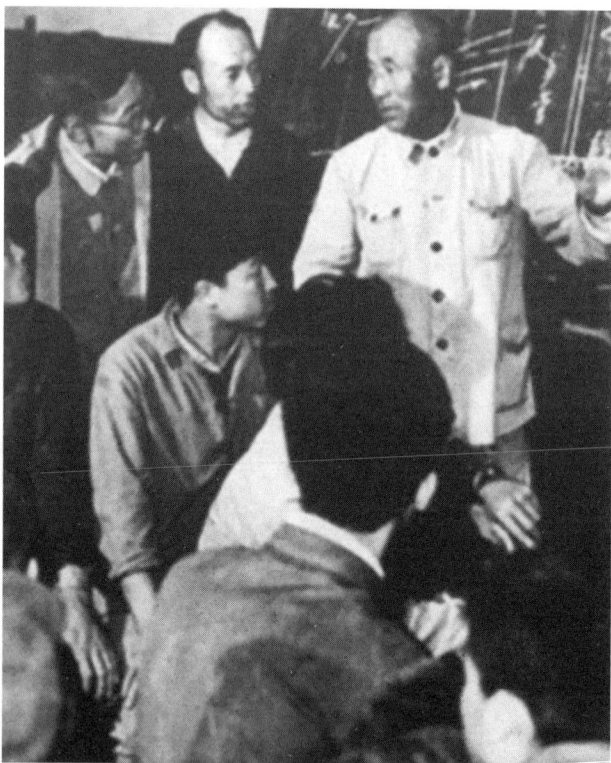

△ 孟泰开展技术革新活动

深情祭扫了烈士陵园，凭吊了英勇牺牲的杨根思、黄继光、杨连弟、邱少云、毛岸英等优秀中华儿女。赴朝归来，孟泰到各厂作报告，用自己耳闻目睹的事实，介绍了志愿军可歌可泣的事迹，使职工们深受鼓舞。

1953 年 5 月 2 日，孟泰出席中国工会第七次全国代表大会，并当选为执行委员。

1954 年 1 月，孟泰率鞍钢访问团到吉林省农村访问。

1956 年 4 月 16 日，国务院总理周恩来和夫人邓颖超到鞍山视察时，到孟泰、王秀兰等劳动模范家中探望了孟泰、王秀兰及其家属。

1956 年 9 月 15 日至 28 日，孟泰当选为第一届全国人民代表大会代表，并出席了在北京举行的第一次会议。从此，他的社会活动增多了，并开始深入到鞍山市、鞍钢各个厂、矿、农村，协助各方面解决了许多生产和社会问题。为改善党群关系、加强工农联盟做出了卓越贡献。

1956 年 9 月 4 日，孟泰等一行 17 人应苏联工会中央理事会之邀，组成中国工人疗养团赴黑海疗养院疗养。在黑海著名疗养胜地索奇，孟泰结识了一批苏联、罗马尼亚、波兰的劳动模范，传播了中国工人与这些国家工人的友情。

1957 年 11 月 7 日，孟泰作为中国劳动人民代表团成员，在苏联莫斯科参加了十月社会主义革命 40 周年庆祝典礼活动。

同年 12 月，孟泰出席中国工会第八次全国代表大会，并再次当选为执行委员。

1958 年 6 月，孟泰再次当选为全国人民代表大会代表。

1959 年 4 月 18 日至 28 日，孟泰出席在北京召开的第二届全国人民代表大会第一次会议。

同年 10 月 1 日，孟泰应邀出席国庆宴会，并坐在周恩来总理身边。

同年 10 月 26 日，孟泰出席了全国工业、交通运输、基本建设、财贸社会主义建设先进集体和先进生产者代表大会，并被授予全国劳动模范称号，受到党和国家领导人刘少奇、朱德、周恩来、邓小平等亲切接见。

同年，中央新闻纪录电影制片厂拍摄《第十个春天》，形象而生动地记录了孟泰的工作和生活情景。

1960 年 3 月 30 日，在第二届全国人民代表大会第二次会议召开前夕，孟泰再一次受到毛泽东主席的亲切接见，留下一幅珍贵的历史照片，并出席了这次会议。

1964 年 7 月 16 日，冶金工业部任命孟泰为鞍钢炼铁厂副厂长。走上领导岗位，他已经 66 岁了，却依然老当益壮，坚持不脱离劳动人民本色，不断为人民做出新贡献。

同年 12 月，孟泰当选为第三届全国人民代表大会代表，于 12 月 21 日至 1965 年 1 月 4 日，出席第三届全国人民代表大会第一次会议。在会上，又一次受到毛泽东主席等中央领导同志的亲切接见。

1965 年 10 月 1 日，大庆铁人王进喜应邀到鞍山参加国庆活动，受到孟泰、王崇伦等热烈欢迎。

同日，孟泰担任鞍钢工会副主席。

⟶ 身后余荣

★★★★★

1967 年 9 月，老孟泰病倒了，党中央把老孟泰送进医院，给予了最好的治疗。

医生把老孟泰已经灯尽油干的病情向中央汇报后，当时负责此事的最高中央首长偏巧是康生。康生派秘书到医院表示临终关怀，询问老孟泰还有什么要求。

这时，正在文革初期，社会上乱糟糟一片，老孟泰耿耿于怀的，就是他的女儿们是否平安。于是就提出了他此时此刻最真实的要求：“我想见见我的大女儿！”

按照当时的逻辑，按照孟泰当时的身份，一个全国劳动模范，一个全国劳动人民的楷模，应当是忘我的，应该是无私的，心里应当只有毛主席，只有党，只有国家，只有人民，唯独没有一点点个人，因为个人的事再大也是小事，国家的事再小也是大事。

康生听了秘书的汇报，立即表态说：“孟泰晚节不保，心里只有自己的女儿。”

此后，中央在康生的垄断下，再也没有人到医院探望老孟泰了。

老孟泰惦念女儿，女儿也惦念父亲。当女儿听到消息去北京医大附属医院看望爸爸时，老孟泰已经失去活动和讲话的能力，但他的神智还很清醒，一肚子话只能用手来表达……

当父亲病情恶化，全家人在病床前呼唤爸爸的时候，老孟泰从昏迷中醒来，微微睁开了眼睛，扫视着家人。最后，老孟泰的眼光停留在妻子乔世英胸前佩戴的毛主席像章上。他颤巍巍地伸出一只手，深情地抚摸着像章。只见老孟泰的嘴唇一张一合，好像在说什么。

这时，二女儿庆兰哽咽着问：“爸爸，您是不是嘱咐我们听党的话？放心吧，爸爸，我们一定跟党走，像您那样为党工作，绝不违背您的意愿。"

二女儿的话表达全家人的心意，老孟泰听后，慢慢把手抽回去，嘴角颤抖几下，便闭上了眼睛。

1967年9月30日下午2点30分，老孟泰与世长辞了，永远地离开了他心爱的人们，全家人悲痛欲绝。

孟泰不仅活在家人的心中，也活在全国人民的心中。党和国家领导更没有忘记孟泰，孟泰不止"生荣死哀"，可以说是生也荣，死也荣。

孟泰去世后，遵照周恩来总理的指示，孟泰遗体火化后，骨灰安放在北京八宝山革命公墓。

上海越剧院著名演员傅全香闻讯后，痛哭不已，她说："老模范孟泰逝世了，当我在报上看到这一条消息时，双眼不禁模糊了……老孟泰，还记得吗? 您曾经答应我们，一定到上海来，看望我们这些南方姑娘。您也曾答应过我，到上海一定上我家做客。不料想您一直苦无机会……我多想实现一下自己的诺言：烧一点上海风味的小菜，款待款待您这位可亲可敬的老模范。"

1956年，傅全香到孟家探望孟泰时，曾合影留念。当时，孟泰的大女儿正在班上，傅全香遗憾地说："五朵金花少了一朵，我来代替吧。"于是就有了下面这张照片。站在孟泰右边的就是傅全香。

1977年9月30日，鞍钢党委举行"孟泰

△ 孟泰及四个女儿与傅全香合影

同志逝世 10 周年纪念会",会上,中共鞍山市委第一书记兼鞍钢党委书记李东冶同志宣读鞍钢党委《关于向孟泰同志学习的决定》。

1978 年,著名电影演员方化来鞍山到家中看望孟泰夫人。

1979 年 12 月 6 日,鞍钢工人阶级的杰出代表、中国工人阶级的坚强战士、全国著名劳动模范孟泰同志追悼会在鞍钢科技馆举行。全国人大常委会及党和国家领导人邓颖超、余秋里、倪志福、康世恩、宋任穷,以及中共辽宁省委、省政府任仲夷、黄欧东等送了花圈。王鹤寿、吕东、高扬文、安志文、莫文祥、李东冶等出席追悼会。

1985 年底,中共中央总书记胡耀邦为孟泰塑像题词:"孟泰精神永放光芒。"

1986 年 4 月 30 日,鞍钢党委再次做出《关于向老英雄孟泰学习活动的决定》。

同一天,中纪委第二书记王鹤寿为孟泰塑像题词"发扬孟泰精神,做企业主人",并到孟泰家中看望孟泰夫人。

1986 年 4 月 30 日,在"老英雄"孟泰逝世 19 年后,在纪念五一国际劳动节 100 周年前夕,鞍钢举行了隆重的孟泰塑像揭幕仪式。

在鞍钢机关"大白楼"广场东侧,在松柏、鲜花之中,庄

严矗立起工人阶级的优秀代表、中国第一代著名劳动模范孟泰的塑像——那是一位微笑着的、慈祥的老人。

上午 10 时，孟泰塑像落成揭幕仪式在鞍钢大白楼前隆重举行。中纪委第二书记王鹤寿、国家经委主任吕东、国家体改委主任安志文、中顾委委员郭峰、国务院财经小组顾问李东冶、全国人大常委会委员杨克冰、冶金工业部部长戚元靖、中华全国总工会副主席陈秉权、中共辽宁省委顾问委员会主任戴苏理、辽宁省委副书记孙奇、辽宁省副省长朱家甄、辽宁省顾问委员会委员谷正荣，鞍山市、鞍钢党政领导以及亲属出席揭幕仪式。王鹤寿、吕东为塑像揭幕，孙奇、陈秉权、戚元靖等发表了讲话，并发行"孟泰纪念币"一枚。

同一天，"孟泰事迹展览"和"学孟泰、爱鞍钢、做主人"摄影、美术、书法展览开幕。

同年 6 月 3 日，鞍钢命名齐大山选矿铆焊班等 24 个班组为"学孟泰先进班组"。

同年 8 月 16 日，原全国人大常委会副委员长林枫夫人郭明秋及女儿林耿耿、林京志在原市委秘书长刘录生、鞍钢工会主席齐宝纯的陪同下看望孟泰夫人，并在孟泰塑像前合影留念。

1987 年，老山前线慰问团到家中看望孟泰夫人，并合影留念。

1989 年 7 月 9 日，中纪委第二书记王鹤寿同志到鞍钢参加'三大工程'庆典活动，并到家中看望孟泰夫人。

1990 年 4 月 20 日，中共中央政治局委员、全国人大常委会副委员长、全国总工会主席倪志福，全国总工会副主席郑万通，省人大常委会副主任左琨、省总工会主席李国忠到家中看望孟泰夫人。

同年，辽宁省省长李长春到家中看望孟泰夫人。

同年8月11日，辽宁省代省长岳岐峰在中共鞍山市委书记王巨禄等陪同下到家中看望孟泰夫人。

同年10月26日，江泽民总书记到鞍钢视察，在孟泰塑像前与陪同人员合影留念并讲话。

1991年5月1日，鞍钢孟泰纪念馆开馆。

1992年4月21日，《辽宁老年报》、《辽宁职工报》、《鞍钢日报》和鞍钢工会在鞍钢体育馆举行"庆五一、学孟泰、做主人"颁奖大会，表彰学孟泰先进集体和先进个人。

同年5月12日，中纪委第二书记王鹤寿到家中看望孟泰夫人。

同年5月29日，鞍山市立山区委、区政府和鞍钢工会为永远纪念老英雄孟泰，让孟泰的光辉形象永驻，孟泰的精神永放光芒，世代相传，在立山公园（现已改孟泰公园）映山湖畔为老英雄孟泰耸立全身高8米的铸钢塑像。

1992年10月，鞍钢诗人周以纯发表歌颂老英雄孟泰的长诗《第一座塑像》。

1993年10月17日，辽宁省电视制作中心到孟泰家中拍摄《毛泽东在辽宁》电视专题片。

1994年5月16日，全国总工会副主席滕一龙、全国总工会书记处书记单亦和、省总工会副主席李新生等慰问孟泰夫人。

1994年6月10日，中纪委第二书记王鹤寿和夫人慰问孟泰夫人。

同年，著名电影演员孙道临、于兰、田华等在鞍钢东山宾馆与孟泰大女儿、三女儿、四女儿合影留念。

1995年1月30日，中共辽宁省委书记顾金池、代省长闻世震、副省长郭廷标、省委

△ 1990年，老英雄孟泰的妻子乔世英参观原炼铁厂"孟泰纪念馆"并出版发行《老英雄孟泰》一书

副秘书长杨志新、省委常委、省总工会主席孙春兰在中共鞍山市委书记马延利、市长董伟、鞍钢党委书记吴溪淳、总经理刘玠等陪同下慰问孟泰夫人。

1996 年春节，中共辽宁省委书记顾金池、省长闻世震、副省长郭廷标、省委常委、省总工会主席孙春兰在中共鞍山市委书记董伟、市长张利藩、市总工会主席李守镇、鞍钢总经理刘玠等陪同下慰问孟泰夫人。

1997 年 1 月 24 日上午，国务院总理李鹏及夫人朱琳，国务委员、国务院秘书长罗干、冶金工业部部长刘琪、民政部部长多吉才让等在中共辽宁省委书记顾金池、省长闻世震在鞍山市党政领导陪同下到家中对孟泰夫人表示亲切慰问。

1997 年 3 月 11 日，著名电影导演、电影表演艺术家谢添同志到家中看望孟泰夫人。

1997 年 10 月 30 日，孟泰夫人乔世英因病医治无效逝世，终年 94 岁。鞍钢为孟泰夫人乔世英举行了遗体告别仪式。中华全国总工会，中共辽宁省委办公厅、辽宁省政府办公厅、辽宁省总工会，中共鞍山市委、鞍山市人大常委会、鞍山市人民政府、鞍山市政协、鞍山市总工会和鞍山钢铁集团公司等送了花圈。辽宁省总工会副主席张永福受省委常委、省总工会主席孙春兰的委托代表辽宁省总工会专程从沈阳到家中吊唁。

2002 年 4 月 30 日，中共鞍山市委书记胡晓华、市长张杰辉到家中看望孟泰子女。

2007 年 6 月 2 日，中央电视台《振兴东北老工业基地》摄制组到孟泰家中、鞍钢厂区拍摄部分场景。

2009 年 9 月 14 日，孟泰被评为"100 位新中国成立以来感动中国人物"之一。

2010 年 3 月 22 日，孟泰与王崇伦等 20 名同志一起当选"感动鞍钢——创新功勋人物"。

84 岁老人王芝新听说老英雄孟泰候选"100 位新中国成立以来感动中国人物"，主动联系，要给大家讲讲当年"老英雄孟泰的真实故事"：

先前，孟泰老家遭了旱灾，他为了寻条活路只身闯关东，扛过沙子，做过苦工，辗转才来到鞍山的。

因为我哥哥跟孟泰很熟，所以我也比其他工友更了解一些孟泰的情况。他经验多，心又细，很快就摸透了生产的全套技术，真是让人敬佩啊。

孟泰大哥用他的一言一行感染了工友们! 孟泰是当时厂里工友们的"偶像"。

抗美援朝战争期间, 美国的飞机总在鞍钢上空盘旋, 在所有人忙着往农村疏散时, 孟泰冒着被空袭的危险, 硬是把行李扛到高炉上, 表示"高炉在, 孟泰在"。

许多工友看见孟泰大哥这样捍卫高炉, 也都留了下来。这件事儿让大伙都为之感动! 孟泰"老英雄"的称号是实至名归。

孟泰的那股干劲感染了许多人, 在那个年代堪称是时代偶像。但孟泰却更是老大哥。如果说单位像一个家, 他就像个大哥一样, 向来都是多干活, 干重活。

王芝新说起孟泰来, 激动不已。他说:"虽然我现在80多岁了, 但是今天, 我要为孟泰做一件时髦的事, 为他拉回票!"

2009年9月14日下午3时许, 北京人民大会堂西大厅华灯绚丽。当胡锦涛等中央领导同志来到这里时, 全场响起热烈掌声。胡锦涛等领导人高兴地同代表们热情握手,向当选的"双百"人物代表表示热烈祝贺,向"双百"人物亲属表示亲切慰问,向为新中国创立、建设和改革发展作出突出贡献的英雄模范人物致以崇高敬意。

这时, 一张珍贵的集体合影拍摄完成。在最上排中间位置，身穿黑色上衣，卷发，笑意盈盈的女士，正是孟泰的外孙女党晓萍。

从小，晓萍就是姥爷最宠爱的外孙女。党晓萍说："姥爷当年肯定想不到有这一天。人们没有忘记他。"这是党晓萍第一次代表姥爷进京领奖，而得到老英雄当选"100位新中国成立以来感动中国人物"的消息时，全家人都很激动，孟庆珍说："大家没忘了老父亲！"

孟庆珍与女儿党晓萍齐赴北京，这是一次荣誉之旅。

到了北京之后，听说尽量让年轻人来代表家属参加。于是，党晓萍有了这样的机会——代姥爷领奖。拍照时才明白为什么尽量让岁数小一些的人来，因为主席台台阶很高，年龄大一些的上台阶会太费事。

与党和国家领导人合影之后，是代表座谈会。代表们表示："要在全社会深入开展学习宣传'双百'人物活动，大力宣传'双百'人物，使他们的感人事迹和崇高精神深入人心、世代相传。"

党晓萍回到宾馆后，向母亲孟庆珍复述中共中央政治局常委李长春的讲话，母女二人都特别激动。英雄要宣传啊，不然现在的年轻人真的对他们陌生了。

会议结束，所有人都依依不舍。这些代表全是英雄的后人，大家一见面特别亲切。有时传祥的儿子，张秉贵的儿子，大家拍了很多合影。还见到了杨利伟! 跟航天英雄也合影了!

党晓萍小时候是姥爷的跟屁虫儿，还拉着姥爷的手上过高炉呢，那时候也就四五岁。

老孟泰结婚晚，见到隔辈人特别喜欢。每次下班回家，无论多晚，都得看晓萍一眼才去睡觉。甚至住院时也带着外孙女，铁东医院的病房里，两个小沙发一并，就是一张小床，党晓萍就睡在这张小床上。

作为姥爷最宠爱的外孙女，能在 55 岁这一年替姥爷到北京领奖，党晓萍感到此生再无遗憾了。

后　记

"老英雄"后继有人

1986年4月30日，在孟泰逝世19年后，在纪念五一国际劳动节100周年前夕，鞍钢举行了隆重的孟泰塑像揭幕式。

在鞍钢机关大白楼广场东侧，在松柏、鲜花之中，庄严矗立起工人阶级的优秀代表、中国第一代著名劳动模范孟泰的塑像。

1991年4月，炼铁总厂在原鞍钢炼铁厂职工俱乐部里建起了孟泰纪念馆。

2007年8月，根据鞍钢的要求，在炼铁总厂机关大楼南侧又单独建立了孟泰纪念馆。

每当新职工入厂，他们上的第一课就是参观孟泰纪念馆，接受孟泰精神教育。这个纪念馆也成为辽宁省委宣传部确定的爱国主义教育基地。

"孟泰仓库"是老英雄孟泰爱厂如家、艰苦奋斗的具体体现。从1997年开始，鞍钢工会将"孟泰仓库"定为星级孟泰仓库、集团公司级孟泰仓库，年年进行检查评比，鼓励职工将废旧部件、料头等回收，修旧利废，将学习孟泰的口号具体化。仅2008年至 2010 年三年时间，鞍钢职工就修旧利废 280290 件，创造效益 62558 万元。

孟泰精神更是鼓舞和教育了一代又一代的人，他们追随孟泰的脚步，成为优秀的孟泰精神传人。

孟泰去世后，他的子辈和孙辈都继承了他的事业，绝大多数都留在鞍钢。

大女儿孟庆珍在鞍钢工作了 37 年，1990 年从鞍钢机关干部岗位上退休。

大女婿党鉴几年前也从鞍钢退休，退休前是鞍钢职工大学的校长助理。

孟庆珍的其他几个姐妹和后辈之中，有十多人分别成为鞍钢的一线工人、机关干部、学校老师。

孟庆珍和四妹在岗时都是有名的"精神文明优秀个人"和"三八红旗手"，多次受到鞍钢和鞍山市的表彰。

孟泰的四女婿刘惠德从一名普普通通的鞍钢职工，经过踏实工作，最后当上了鞍钢集团公司党委副书记。

孟泰的外孙女婿王延绵由于表现出色，走上了鞍钢集团公司总经理助理兼鞍钢实业公司经理的领导岗位。

老英雄虽然离开我们四十多年了，但他的精神就像一盏闪烁的明灯，仍在引导新一代钢铁人！孟泰精神在什么年代都不会过时。

在此感谢鞍钢股份公司炼铁总厂的大力支持和帮助。

/100位

新中国成立以来感动中国人物 /

丁晓兵　马万水　马永顺　马恒昌　马海德　中国女排五连冠群体

孔祥瑞　孔繁森　文花枝　方永刚　方红霄　毛岸英

王　杰　王　选　王　瑛　王乐义　王有德　王启民

王进喜　王顺友　邓平寿　邓建军　邓稼先　丛　飞

包起帆　史光柱　史来贺　叶　欣　甘远志　申纪兰

白芳礼　任长霞　刘文学　刘英俊　华罗庚　向秀丽

廷·巴特尔　许振超　达吾提·阿西木　邢燕子　吴大观

吴仁宝　吴天祥　吴金印　吴登云　宋鱼水　张　华

张云泉　张秉贵　张海迪　时传祥　李四光　李春燕

李桂林和陆建芬夫妇　李素芝　李梦桃　李登海　杨利伟

杨怀远　杨根思　苏　宁　谷文昌　邰丽华　邱少云

邱光华　邱娥国　陈景润　麦贤得　孟　泰　孟二冬

林　浩　林巧稚　林秀贞　欧阳海　罗映珍　罗健夫

罗盛教　草原英雄小姐妹　赵梦桃　钟南山　唐山十三农民

容国团　徐　虎　秦文贵　袁隆平　钱学森　常香玉

黄继光　彭加木　焦裕禄　蒋筑英　谢延信　韩素云

窦铁成　赖　宁　雷　锋　谭　彦　谭千秋　谭竹青

樊锦诗

图书在版编目（CIP）数据

孟泰 / 于元，褚当阳编著. -- 长春：吉林文史出版
社，2012.8（2022.4重印）
（100位新中国成立以来感动中国人物）
ISBN 978-7-5472-1180-9

Ⅰ．①孟… Ⅱ．①于… ②褚… Ⅲ．①孟泰（1898～
1967）－生平事迹－青年读物②孟泰（1898～1967）－生
平事迹－少年读物 Ⅳ．①K828.1-49

中国版本图书馆CIP数据核字(2012)第208350号

孟　泰

MENGTAI

编著/ 于元 褚当阳

选题策划/ 王尔立　责任编辑/ 王尔立 李洁华 任玉茗
装帧设计/ 韩璘
出版发行/ 吉林文史出版社
地址/ 长春市福祉大路5788号　邮编/ 130118
电话/ 0431-81629363　传真/ 0431-86037589
印刷/ 天津海德伟业印务有限公司
版次/ 2012年8月第1版 2022年4月第4次印刷
开本/ 640mm×920mm　1/16
印张/ 9　字数/ 100千
书号/ ISBN 978-7-5472-1180-9
定价/ 29.80元